問題解決力を育み
振り返る学び

長崎県立大学地域創造学部 准教授
竹田　英司　著

五絃舎

まえがき

　各教育機関では，学生自身によって学習を振り返るべきとする議論が活発であり，教員個々人による問題基盤型学習（別称；問題解決型学習）やプロジェクト型学習の試行錯誤が続いている。しかしながら，大学のなかでも，社会科学系学部（経済学部や経営学部など）で行う学習の振り返り支援について，日本では議論がまだ進んでいない。大学教育プログラム全体を通じた学習過程の改善や振り返り支援は，議論が始まったばかりである。

　「課題解決型」能動的学修（アクティブ・ラーニング）の中心的手法に，①Problem-Based Learningと②Project-Based Learningがある。Problem-Based Learningの日本語訳は，a.問題基盤型学習，b.問題解決型学習，c.課題解決型学習の３つに大別される。problem solvingの日本語訳には，㋑問題解決と㋺課題解決の２つがあり，既往研究でも使い分けが不明確である。本書では，「課題解決型」能動的学修（アクティブ・ラーニング）に，①問題基盤型学習（別称；問題解決型学習，Problem-Based Learning），②プロジェクト型学習（Project-Based Learning）の２つがあるとした。

　本書では，２つの「課題解決型」能動的学修（アクティブ・ラーニング）と，その学習の振り返りから，問題解決力（problem solving skills）が育まれると捉えている。ただし，引用文献や参考文献から取りあげる場合，引用文献や参考文献の原文のまま，問題解決力，もしくは課題解決力と表記した。学習と学修については，統一表記を俟わず，引用文献や参考文献の原文のまま，学習，もしくは

学修と表記している[1]。

　本書は，大学教育における問題解決力の涵養(かんよう)について，振り返る学びの視点から検証したものである。第1章では，問題解決力の涵養に関する文部科学省の動向をまとめた。第2章では，問題解決力の涵養に関連する「能動的学修（アクティブ・ラーニング）」「学習の振り返り」「非認知能力」などの先行研究について整理した。

　第3章では，問題基盤型学習（別称；問題解決型学習）を通じて，学生たちはどのような認知能力を養うことができたのかについて検証した。第4章では，プロジェクト型学習を通じて，学生たちは「主体的な学び」「対話的な学び」「深い学び」が実践できたのかについて検証した。

　第5章では，教員による振り返り支援によって学生たちは，どれだけ「深い学び」が得られたのかについて検証した。第6章では，「振り返る学び」を通して，学生たちは，何ができるようになるか。何を学ぶか。どのように学ぶか。社会人基礎力修得と学習時間から，教員による振り返り支援とその成果について検証した。

　Ash & Clayton（2005）は，経験を積んで学んだことを明確に表現していく過程を，「明確な学び」とよんでいる（第2章参照）。本書では，「明確な学び」を「振り返る学び」と言い換えている。そのうえで，本書では，授業を通じて「何を学んだのか」「どのように学んだのか」「どのようにこの学びを使うのか」を学生自身が振り返る「学び」を「振り返る学び」と定義した。

　本書の各章は，過去に公開した研究成果から（初出一覧参照），筆

1）「（日本の）大学設置基準には『学修』という用語が使用されている。他方，高等学校までの学習指導要領では『学習』という用語が使われ，……中略……2012年の中央教育審議会答申では新たに『学修』という表現に変わり，……中略……学修が使用されることになった」（清水2015・167頁・括弧内引用者加筆）。

者執筆箇所を抜き出し，修正や加筆したものである。表記ゆれを避けるため，本書では，固有名詞「アクティブラーニング」「サービスラーニング」などは「アクティブ・ラーニング」「サービス・ラーニング」と統一表記している。

　なお，本書は，筆者による学術研究の成果であり，筆者が所属する（所属した）組織の見解ではない。

参考文献
清水一彦（2015）「大学単位制度と能動的学修」，日本教育制度学会誌『教育制度学研究』22，167-172頁。

初出一覧

第1章
　下記の論文から，各第1章（問題の所在）を再整理

第2章
　下記の論文から，各第2章（先行研究）を再整理

第3章
・竹田英司・井草剛・安田俊一（2020）「問題解決型学習の実践と成果：地域経済学を通じた認知能力の涵養」，経済教育学会誌『経済教育』39，130-142頁。

第4章
・竹田英司（2017）「プロジェクト型学習の実践と効果：地域産業振興に向けた協同学習」，経済教育学会誌『経済教育』36，140-147頁。

第5章
・竹田英司・水野勝之・井草剛（2018）「ペーパータワーを用いた授業開発の取り組み」，経済教育学会誌『経済教育』37，155-165頁。

第6章
・竹田英司・松本直樹（2022）「振り返る学び：課題解決力を育む実践教育」，社会人基礎力協議会誌『社会人基礎力研究』3，18-29頁。

目　　次

まえがき
初出一覧

第 1 章　問題の所在（はじめに） ——————————— 15

1. 能動的学修（アクティブ・ラーニング）の導入 ————— 15
2. 質的な授業改善の取り組み ———————————— 16
3. 日本の大学教育と大学の存在意義 ————————— 16

参考文献 —————————————————————— 18

第 2 章　先行研究の整理 ————————————— 21

1. 能動的学修（アクティブ・ラーニング）に関する
   先行研究の整理 ———————————————— 21
   1.1. 能動的学修（アクティブ・ラーニング）に関する先行研究　21
   1.2. 課題解決型の能動的学修（アクティブ・ラーニング）に
        関する先行研究　22
2. 学習の振り返りに関する先行研究の整理 ——————— 22
   2.1. 学習の振り返りに関する先行研究　22
   2.2. 日本の振り返り支援に関する先行研究　25
3. 非認知能力と認知能力に関する先行研究の整理 ————— 26
   3.1　発達時期と非認知能力に関する先行研究　26
   3.2　認知能力に関する日本の先行研究　28

3.3. 社会人基礎力2.0と非認知能力に関する先行研究　28
　参考文献 ——————————————————————— 34

第3章　問題基盤型学習と振り返る学び ——————— 37
　要　旨 ———————————————————————— 37
　1. 研究の目的と検証方法 ————————————————— 37
　　1.1. 研究の目的　37
　　1.2. 知識の修得方法　38
　　1.3. 検証方法　40
　2. 検証結果 ——————————————————————— 42
　　2.1. 検証結果①：不足する知識（地域経済学の各理論）の
　　　　修得に取り組んだかどうか　42
　　2.2. 検証結果②：修得した知識（地域経済学の各理論）を
　　　　振り返って抽象化できたかどうか　43
　　2.3. 検証結果③：不足する知識（地域経済学の各理論）を
　　　　修得できたかどうか　48
　　2.4. 検証結果④：「地域政策論」受講生と非受講生の間で
　　　　自発的学習時間に差異があるかどうか　51
　3. 考察と振り返り ————————————————————— 52
　4. 結　論 ———————————————————————— 55
　参考文献 ——————————————————————— 55

第4章　プロジェクト型学習と振り返る学び ——————— 57
　要　旨 ———————————————————————— 57
　1. 研究の目的と授業運営 ————————————————— 57

1.1.　研究の目的　57

　　1.2.　プロジェクト型学習にもとづく授業運営　58

　2.　検証結果①：経験学習サイクル論適用の
　　　プロジェクト型学習Ａ ——————————————— 61

　　2.1.　プロジェクト型学習Ａ（2015年度・自由参加・
　　　　　単位認定なし）の概要　61

　　2.2.　プロジェクト型学習Ａの効果：経験学習サイクル
　　　　　論適用の場合　63

　3.　検証結果２：経験学習サイクル論未適用の
　　　プロジェクト型学習Ｂ ——————————————— 64

　　3.1.　プロジェクト型学習Ｂ（2016年度・自由参加・
　　　　　単位認定なし）の概要　64

　　3.2.　プロジェクト型学習Ｂの失敗：経験学習サイクル
　　　　　論未適用の場合　65

　4.　考察と振り返り ——————————————————— 66
　5.　結　論 ————————————————————————— 68
　参考文献 ——————————————————————————— 69

第5章　ペーパータワー作成実習と振り返る学び ——— 71

　要　旨 ———————————————————————————— 71
　1.　研究の目的と検証方法 ————————————————— 71

　　1.1.　研究の目的　71

　　1.2.　深い学びに至る学習支援とその検証方法　72

　　1.3.　ペーパータワー作成実習の概要　73

　2.　検証結果①：事業目標の作成と達成 ———————— 75

　　2.1.　事業目標の作成　75

2.2. 事業目標の達成度　76
3. 検証結果②：事業目標の達成／未達成と事業失敗の要因 ─ 76
　　3.1. 事業目標の達成／未達成の理由　76
　　3.2. 事業失敗（ペーパータワー崩壊）の要因　78
4. 検証結果③：チーム内での役割とその遂行度 ───────── 79
　　4.1. チーム内での役割　79
　　4.2. 自分の役割遂行度　82
5. 検証結果④：ペーパータワー作成実習による
　　振り返る学び ─────────────────────── 83
6. 考察と振り返り ───────────────────── 84
7. 結　論 ───────────────────────── 86
参考文献 ───────────────────────── 87

第6章　問題解決力を育み振り返る学び（おわりに） ── 89

要　旨 ─────────────────────────── 89
1. 研究の目的と検証方法 ─────────────────── 89
　　1.1. 研究の目的　89
　　1.2. 学術的問いと検証方法　90
2. 検証結果 ─────────────────────── 92
　　2.1. 対面講義とオンライン講義の違い①：
　　　　社会人基礎力3能力の修得　92
　　2.2. 対面講義とオンライン講義の違い②：
　　　　社会人基礎力12要素の修得　93
　　2.3. 問題解決力を伸ばす授業設計　94
　　2.4. 対面講義とオンライン講義の学習時間　97
3. 考察と振り返り ───────────────────── 98

4. 結　論 —————————————————————— 102
参考文献 ————————————————————————— 102

あとがき ————————————————————————— 105

索　引 ——————————————————————————— 108

問題解決力を育み
振り返る学び

第1章　問題の所在（はじめに）

1．能動的学修（アクティブ・ラーニング）の導入

　日本の高等教育は，初等教育（小学校6年間）と中等教育（中学校3年間および高等学校3年間）の12年間を修了してから始まる。日本の主な高等教育機関は，①高等専門学校，②専修学校（専門学校），③短期大学，④大学，⑤大学院の5つであり，国立・公立・私立に大別される。

　文部科学省中央教育審議会大学教育部会（2012）では「高校までの勉強から大学教育の本質である主体的な学修へと知的に跳躍すべく，学生同士が切磋琢磨し，刺激を受け合いながら知的に成長することができるよう，課題解決型の能動的学修（アクティブ・ラーニング）といった学生の思考や表現を引き出しその知性を鍛える双方向の授業を中心とした質の高いものへと学士課程教育の質を転換する必要がある」（4頁）と結んでいる。「課題解決型」能動的学修の中心的手法が，①問題基盤型学習（別称；問題解決型学習，Problem-Based Learning）と②プロジェクト型学習（Project-Based Learning）である。

　大学や短大などの高等教育でも，学生自身によって学習を振り返るべきとする議論が活発であり，教員個々人による①問題基盤型学習（別称；問題解決型学習）や②プロジェクト型学習の試行錯誤が続いている。しかしながら，大学のなかでも，社会科学系学部（経済

15

学部や経営学部など）で行う学習の振り返り支援について，日本では議論がまだ進んでいない。大学教育プログラム全体を通じた学習過程の改善や振り返り支援は，議論が始まったばかりである。

2. 質的な授業改善の取り組み

　初等教育（小学校6年間）と中等教育（中学校3年間および高等学校3年間）について，文部科学省中央教育審議会教育課程部会高等学校部会（2016）では，生徒たちが「何ができるようになるか」「何を学ぶのか」「どのように学ぶか」という，これからの教育課程が示されている。初等教育と中等教育について，文部科学省中央教育審議会初等中等教育分科会（2016）では，能動的学修（アクティブ・ラーニング）によって，①主体的な学び，②対話的な学び，③深い学びの3つを，いかに組み合わせて生徒たちへ提供するかという，質的な授業改善が検討されている。

　その一方，高等教育（大学や短期大学など）について，文部科学省中央教育審議会大学分科会（2016）では，「卒業認定・学位授与の方針（ディプロマ・ポリシー）」「教育課程編成・実施の方針（カリキュラム・ポリシー）」「入学者受入れの方針（アドミッション・ポリシー）」の策定と運用を定めている。この3つの方針の下に，高等教育機関各校においても，①主体的な学び，②対話的な学び，③深い学びの3つを，いかに組み合わせて学生たちへ提供するかという，質的な授業改善が議論され始めていた。

3. 日本の大学教育と大学の存在意義

　日本の大学生は，学習時間が少ないといわれ続けてきた。たとえ

ば，文部科学省高等教育局（2020・23頁）によれば，COVID-19（新型コロナウイルス感染症）拡大前，私立大学生の場合，予習・復習・課題など授業に関する学習時間は1週間あたり5.7時間，授業以外の学習時間は1週間あたり4.9時間であった。

　COVID-19拡大の影響を受けて，日本は国難ともいえる状況にあり，従来の対面授業を提供できない大学も多かった。しかし，コロナ禍のオンライン授業を通じて新たな学びが形成されつつあった[1]。文部科学省中央教育審議会大学分科会（2021a）では，コロナ禍の大学教育を検討していた[2]。

　文部科学省中央教育審議会大学分科会（2021b）では，学生自身が自らの学びを振り返り，学びの成果を把握する必要性を説いている[3]。質的な授業改善のためには，教員も学生も互いに学び合う姿勢や，学びを振り返る姿勢が必要である。大学教育でも，学生自身によって学びを振り返るべきとする議論が活発である。

　日本では，振り返りの定義づけが議論され始めているものの，大学教育における学習過程の質的改善や振り返る学びを促す取り組み

---

1) 「オンライン授業と対面授業を効果的に組み合わせることで，対面授業においては，従来の教員からの一方向の講義スタイルが消えていき，学生と教員，学生と学生，学生とTAが共に考え，双方向で徹底的にディスカッションするといった学習スタイルが大学教育での日常になることが期待される」（文部科学省中央教育審議会大学分科会 2021b・12頁）。

2) 「これまで教室での対面を前提として授業が行われてきたが，今般のコロナ禍においてオンライン授業の利用が急速に進んできた経験から，教員と学生が相互のコミュニケーションを図り，互いに学び合うといった教育と研究の一体感を築き上げていくことの重要性が再確認された」（文部科学省中央教育審議会大学分科会 2021a・12頁）。

3) 「一人一人の学生が学位プログラムを通じて得た自らの学びの成果（学修成果）や，大学が学位プログラムを通じて『卒業認定・学位授与の方針（ディプロマ・ポリシー）』に定められた資質や能力を備えた学生を育成できていること（教育成果）に関する情報を的確に把握や可視化する必要がある」（文部科学省中央教育審議会大学分科会 2021b・7-8頁）。

は，議論が始まったばかりである[4]。

その一方，東京一極集中や人口減少によって労働力不足にある地方に対し，文部科学省中央教育審議会大学分科会（2021c）では，地方大学に，量と質の労働力供給や，地域社会との連携を求めている[5]。

参考文献
小林和雄・梶浦真（2021）『すべての子どもを深い学びに導く「振り返り指導」』教育報道出版社。
文部科学省高等教育局（2020）「2019年度『全国学生調査（試行実施）』結果【資料編】」。
文部科学省中央教育審議会大学教育部会（2012）「第11回配付資料1：大学教育部会の審議のまとめについて（素案）」。
文部科学省中央教育審議会初等中等教育分科会（2016）「次期学習指導要領等に向けたこれまでの審議のまとめ補足資料（整理中）：資料2-4」。
文部科学省中央教育審議会教育課程部会高等学校部会（2016）「第5回配付資料1：学習指導要領改訂の方向性（案）」。
文部科学省中央教育審議会大学分科会（2016）「『卒業認定・学位授与の方針』（ディプロマ・ポリシー），『教育課程編成・実施の方針』（カリキュラム・ポリシー）および『入学者受入れの方針』アドミッション・ポリシー）の策定及び運用に関するガイドライン」。
文部科学省中央教育審議会大学分科会（2021a）「教育と研究を両輪とする高等教育の在り方について：教育研究機能の高度化を支える教職員と

4）小林・梶浦（2021）では，「学習内容のまとめや感想，類題を解かせるような振り返りを従来型の振り返り，学びに対する『意味づけや価値づけ』『新たな疑問の発見』『自分なりの主張や意思の創出』を深い振り返りと定義している（4-5頁を引用者要約・傍点引用者加筆）。
5）「地域への優秀な人材の輩出や，大学の知の活用と社会実装を通じた地域の課題解決や地域経済の発展などによって，地域に貢献する大学の在り方が求められる」（文部科学省大学分科会2021c・3頁）。

組織マネジメント」。
文部科学省中央教育審議会大学分科会（2021b）「教学マネジメント指針」。
文部科学省中央教育審議会大学分科会（2021c）「魅力ある地方大学を実現
　　するための支援の在り方について」。

第2章　先行研究の整理

1. 能動的学修（アクティブ・ラーニング）に関する先行研究の整理

1.1. 能動的学修（アクティブ・ラーニング）に関する先行研究

　本書に，協同学習論（ジョンソン兄弟＆ホルベック・邦訳2010）と経験学習サイクル論（Kolb 1984）を能動的学修（アクティブ・ラーニング）の源流と捉えている。その一方，日本国内では，課題文を仲間と協力して深く読み解く「話し合い学習法」（安永1995；1999；2006）が協同学習法として活用されている。

　ジョンソン兄弟ら（邦訳2010）は，協同的な学びの条件を検討したうえで，①肯定的な対人関係，②社会的能力，③達成への努力を養うための協同学習を理論化している[1]。ジョンソン兄弟ら（邦訳2010）は「協同学習の典型的なグループ規模は2～4人である」（邦訳34頁）とし，「すべての生徒が積極的に活動でき，また誰もが等しく参加できるようにするためには，小規模であることが必要である」（邦訳35頁）と述べている。

1）　ジョンソン兄弟ら（邦訳2010）によれば，「互いに協力して学び合うとともに，その意義に気づき，他者と協力する技能を磨き価値観を内面化する教育活動」（邦訳224頁）が協同学習である。

1.2. 課題解決型の能動的学修（アクティブ・ラーニング）に関する先行研究

課題解決型の能動的学修（アクティブ・ラーニング）には，①問題基盤型学習（別称；問題解決型学習, Problem-Based Learning）と②プロジェクト型学習（Project-Based Learning）の2つがある。問題基盤型学習（別称；問題解決型学習）は医学教育，プロジェクト型学習は工学教育で，それぞれ発展してきた教育方法である。

「プロジェクト型学習では，プロジェクトの成果物が学習目標の大きな割合を占めるため，知識の適用により主眼が置かれるのに対し，問題基盤型学習（別称；問題解決型学習）では，学習サイクルのプロセスに大きな比重が置かれるため，新しい知識の獲得により主眼がおかれる」（湯浅ら2011・19頁）。そのうえで湯浅ら（2011）は「問題基盤型学習では学習プロセスが明確に定義され，活動デザインに反映されているのに対し，プロジェクト型学習ではそれが個別の実践に委ねられている」（15頁）とまとめている。

日本国内では，プロジェクト型学習の実践方法として，駒谷（2011）がPDCAサイクル（plan-do-check-act cycle）に「start（新規立ち上げ）」を加えた，S-PDCAサイクルを活用している。

2. 学習の振り返りに関する先行研究の整理

2.1. 学習の振り返りに関する先行研究

Kolb（1984）は，体系化された知識を受動的に習い覚える知識付与型の学習と経験学習を区別して，図1のように，経験・振り返り・概念化・実践の4段階から成る経験学習サイクル論を唱えている（pp.23-26）。具体的な経験から，より深く学ぶには経験をじっくり振り返ることが重要である。そのうえで，振り返ったあとでそ

図1 Kolbの経験学習サイクル論

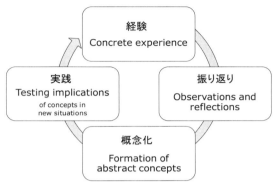

出所：Kolb, D. A. (1984) p.21, Figure 2-1.

の経験を次の経験に生かすべく，概念化も大切である。経験と概念化から得られた新しい考えや方法にもとづいて実践すれば，今までとは異なる経験を積むことになり，経験学習はより良い形で循環していく。これらの循環がKolbの経験学習サイクル論である。

　Gibbs（1988）は，経験学習サイクル論（Kolb 1984）を大学教育に応用した，振り返りサイクル論を提示している。Gibbsの振り返りサイクル論では，図2のように，各局面（記述・感覚・評価・分析・結論・行動計画）における振り返りの方法を示している。そのうえで，Gibbs（1988）は，能動的学修（アクティブ・ラーニング）を理想的な経験学習にするには，振り返りが必要だと強調している。

　Kolb（1984）やGibbs（1988）が重視した，振り返りについて，Ash & Clayton（2005, pp.140-149）は，振り返りフレームワーク（記述・分析・表現の3過程）を示したうえで，振り返りは，

図2 Gibbsの振り返りサイクル論

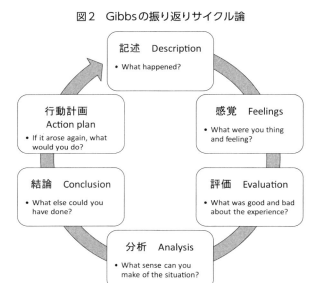

出所：Gibbs, G.（1988）p.49, Figure.

記述・分析・表現の3つの過程を経る必要があると指摘している[2]。そのなかで，Ash & Clayton（2005）は，学習者に対する問いかけとして，「①何を学んだのか」「②どのように学んだのか「③なぜこの学びが重要なのか，なぜこの学びが意義深いのか」「④どのようにこの学びを使うのか」の4つをあげている（p.142）。

---

2) Ash & Clayton（2005, p.140）では「振り返り（reflection）」について，次の三つの過程を経なければならないことを示している（斜字体は原文のイタリック体に合わせている）。
　① 経験の（客観的な）*記述*（*Description*（objectively）of an experience）。
　② 学びの種類に従った*分析*（*Analysis* in accordance with relevant categories of learning）。
　③ 学んだ成果の*表現*（*Articulation* of learning outcomes）。

文部科学省中央教育審議会教育課程部会高等学校部会（2016）が示す，これからの教育過程「何ができるようになるか」「何を学ぶのか」「どのように学ぶか」は，上述した学習者に対するAsh & Clayton（2005）の問いかけに帰結するものである。文部科学省中央教育審議会大学分科会（2016）が示す，「卒業認定・学位授与の方針（ディプロマ・ポリシー）」「教育課程編成・実施の方針（カリキュラム・ポリシー）」「入学者受入れの方針（アドミッション・ポリシー）」は，Ash & Clayton（2005）の学習者に対する4つの問いかけにもとづいて策定されたと考えられる。

　上述のとおり，経験学習サイクル論（Kolb 1984），振り返りサイクル論（Gibbs 1988），振り返りフレームワーク（Ash & Clayton 2005）では，学生による学習の振り返りが重視されている。

2.2. 日本の振り返り支援に関する先行研究

　Ash & Clayton（2005）は，経験を積んで学んだことを明確に表現していく過程を，明確な学びとよんでいる。本書では，「明確な学び」（Ash & Clayton 2005）を「振り返る学び」と言い換えている。

　経験学習・学習の振り返り・明確な学び（振り返る学び）について，倉本（2004）・志々田ら（2009）・森定（2010）など，日本ではサービス・ラーニングにもとづき，振り返りの成果を検証した一定の研究蓄積もある[3]。しかしながら，「ふりかえる力に注目が集まる一方で，ふりかえり支援についての知見が進んでいるとはいえない」（和栗2010・96頁）。和栗（2010）では「他者と共に，思

3）　サービス・ラーニングとは「社会貢献活動などを通じて学ぶ（アクティブ・ラーニングの）技法」（中井2015・172頁，括弧内引用者加筆）である。

考や感情，行動などについて粘り強く考察するプロセスを経て，意味や概念を創出する・ものごとを別な角度からみるための（ふりかえり）支援が必要となる。そのような（ふりかえり）支援は，教員自身がふりかえりの習慣を身につけていかなければ困難である」（97頁）と締めくくっている（括弧内引用者加筆）。

米谷（2016）では，振り返り支援のために教員が果たすべき役割は何か。その役割を果たすために必要な能力は何か。必要な能力を身につけ，磨き伸ばすために，教員は何をすべきかを検討している。和栗（2010）と同様に米谷（2016）も「教員自らアクティブ・ラーニングを通して自立的な学習者となっていることが望ましい」（3頁）と指摘している。

高等教育における振り返り支援とは，「教員が学生をある『到達目標』に引き上げるのではなく，学生が（すでに備えている能力をもとに）ある課題に対して考察や思考を深め自分の知的構造をより充実させていく」（古河2017・19頁）学習プログラムを構築することにある。

3. 非認知能力と認知能力に関する先行研究の整理

3.1. 発達時期と非認知能力に関する先行研究

日本生涯学習総合研究所（2018・7頁・表6）によれば，文部科学省・内閣府・経済産業省・厚生労働省・経済協力開発機構が提唱する非認知能力を発達段階別に次のように整理している。①幼児期の非認知能力は，幼児教育において育みたい資質や能力の柱である。②義務教育期の非認知能力は，a.生きる力，b.キャリア教育，c.社会人基礎力の一部である。③高等学校教育期の非認知能力は，a.生きる力，b.キャリア教育，c.就職基礎能力である。④高等教育

期の非認知能力は，a.学士力，b.就職基礎能力，c.大学院に求められる人材養成機能，d.課題探求能力である。⑤社会人の非認知能力は，a.キャリア教育，b.人間力，c.社会人基礎力，d.キー・コンピテンシーである。

「幼児期に情動的性質（根気強さ・注意深さ・意欲・自信など）の非認知能力を涵養することが，認知能力の発達にとっても，その後の生きる機会を充実させるうえでも重要である」（ヘックマン邦訳 2015・1頁を引用者要約）。

その一方で，「日本ではとくに意欲や興味・関心を大切にしてきたが，非認知能力の重要な要素である粘り強さや挑戦する気持ちなどの育成はそれほど重視されていなかった」（無藤2016・19頁）。日本では「認知能力と非認知能力はみ合うように伸びるという認識が弱かった」（同2016・19頁）。「リーダーシップ・忍耐力・協調性・やる気といった非認知能力がどのような影響を与えるかという教育の大事な部分は，経済学者の研究対象とされてこなかった」（大竹2015・111頁）。

国立大学法人お茶の水女子大学（2016）によれば，日本で非認知能力とは「忍耐力や自己制御，自尊心といった社会情動的スキル」とされ，非認知能力を養うための幼児教育が日本国内でも議論され出している。文部科学省中央審議会幼児教育部会（2016）では，幼児期に体得した非認知的能力の高さが，教育期や成人期の健全で高度な発達の支えになると考え，幼児教育において，心情・意欲・態度などを育むことの重要性が議論されている。高等教育でも，教育プログラムにおいて，認知能力と非認知能力の涵養をどのように計画し評価するのか。各高等教育機関としての取り組みが問われようとしている。

3.2. 認知能力に関する日本の先行研究

　日本生涯学習総合研究所（2018）によれば，表1に示されたとおり，認知能力とは，a.基礎学力，b.基礎的な知識・技能，c.専門性・専門知識をいい，非認知能力とは，①問題解決力，②批判的思考力，③協調性，④コミュニケーション力，⑤主体性，⑥自己管理力，⑦自己肯定感，⑧実行力，⑨統率力，⑩創造力，⑪探究心，⑫共感心，⑬道徳心，⑭倫理観，⑮規範意識，⑯公共性をいう。これらのうち，問題解決力と批判的思考力は，認知能力と非認知能力の両方に含まれる場合もある。

　本書では，認知能力と非認知能力の分類について，図3に示されたように，問題解決で使われる能力は，学術経験の知識と学術知識の構造にもとづくと指摘したWoods（1994）に依拠する。すなわち，問題解決力と批判的思考力は，①基礎学力，②基礎的な知識・技能，③専門性・専門知識，にもとづく認知能力であろう。

3.3. 社会人基礎力2.0と非認知能力に関する先行研究

　社会人基礎力2.0（経済産業省経済産業政策局2018）が定義している「①何を学ぶか」とは，大学教育を通じて，どんな専門分野を修めて社会で活躍するための礎とするかである。同定義「②どのように学ぶか」とは，大学教育を通じて，年代・地域・文化などを超えた多様な人と関わっているかである。同定義「③どう活躍するか」とは，大学教育を通じて，得手不得手を踏まえて，企業や社会とどのように関わるかである。

　社会人基礎力2.0では，図4のように，「何を学ぶか」「どのように学ぶか」「どう活躍するか」という視点から，学生自身が自らの学びを振り返ることで「前に踏み出す力」「考え抜く力」「チームで働く力」の3能力と12要素が修得できると強調している。

表1　人生を豊かにする力（認知能力と非認知能力）

認知能力	a.	基礎学力	全ての学習を成立させるうえで必須の基礎的な知識や技能（例：読み書き，計算等，教科等の独自の基礎的な知識・技能）
	b.	基礎的な知識・技能	社会の変化や科学技術の進展等に対応するために必要とされる知識や技能
	c.	専門性・専門知識	「基礎学力」「基礎的な知識・技能」をベースとした，個々の特性に応じた特定の領域に関する高度な知識と経験
非認知能力	①	問題解決力	論理的思考力の要素である「物事の意味を正しく捉え，自分の理解度や対応できる範囲を把握したうえで，問題解決にあたることができる力」をベースとし，自分で考え，本質的な問題を発見し，解決策を立案し，さらに，それを臨機応変かつ適切に対応しながら遂行（実行し成果を出す）することができる力
	②	批判的思考力	論理的思考力の要素である「主観的な事柄と客観的な事柄とを区別したうえで，根拠にもとづいて判断し，さらに，筋道立てて考えることができる力」をベースとし，他者および自分の考えに対して熟考し，先入観にとらわれずに，俯瞰的な視点から考えることができる力
	③	協調性	異なった環境や立場にある複数の他者と，助け合ったり，譲り合ったりして，お互いを尊重し合いながら，同じ目標や目的に向かって物事を達成しようとする姿勢
	④	コミュニケーション力	お互いの気持ちや感情を理解・尊重し合いながら，適切なタイミングや表現方法で自分の感情や意思を伝えたり，受け止めたりして，信頼関係を築くことができる力
	⑤	主体性	自分の意志や判断によって責任をもって行動する姿勢，および遂行しようとする意欲
	⑥	自己管理能力	自分の目標や目的を達成するため，または集団のルールのなかで自分の役割を果たすために，自分を律し，管理し，自己を分析することができる力
	⑦	自己肯定感	自分のあり方を積極的に評価できる感覚，および自分の価値や存在意義を肯定できる感覚
	⑧	実行力	「目的のために行動する力」をベースとし，自分または集団の目標や目的の方向性を適切に見極めたうえで，計画を立案し，遂行することができる力
	⑨	統率力	他者の行動を統制してチームを1つにまとめ，そのチームを率いてチーム全体の目標や目的の達成のために行動することができる資質や力
	⑩	創造性	突然出現するものではなく，長い年月を要する基礎的な努力に加え，熱中して物事に取り組むことや様々な経験を積み重ねた結果として築かれるもので，新奇で独自かつ生産的な発想を考え出すこと，またはその姿勢
	⑪	探究心	物事の本質を捉えようとする姿勢，および本質や意義について，より掘り下げて見極めようとする意欲，および好奇心

次ページへ続く

⑫	共感性	他者と喜怒哀楽の感情を共有すること，またはそれらを感じ取ることができる感性。自然，生き物に対する愛情や畏敬の念
⑬	道徳心	道徳を守る心。善悪を判断し，善を行おうとする心
⑭	倫理観	人として守り行うべき道，倫理（善悪・正邪の判断において普遍的な規準となるもの）についての考え方や捉え方
⑮	規範意識	道徳，倫理，および法律等の社会のルールを守ろうとする意識
⑯	公共性	価値観が違うと思われる組織，集団，社会での自分の役割を理解し，その責務を果たそうとする姿勢

出所：日本生涯学習総合研究所（2018）5頁・表4。

図3　Woodsの問題解決で使われる能力

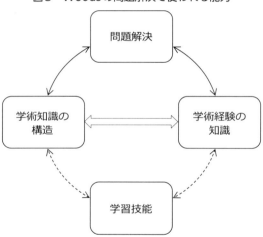

注：原書では，問題解決がProblem Solving，学術経験の知識がDiscipline Experience Knowledge，学術知識の構造がDiscipline Knowledge Structureであり，それぞれの日本語訳は邦訳版による。

出所：Woods, D. R.（1994）p.3-2, Figure3-1（邦訳20頁・図3-1）から中心部を抜粋。

図4　3つの視点と社会人基礎力3能力12要素

出所：経済産業省経済産業政策局（2018）3頁・図「人生100年時代の社会人基礎力」。

　社会人基礎力と類似の概念が，人生を豊かにする力（認知能力と非認知能力・前掲の表1）である。総じて，認知能力はこれまで学力とよばれていた測定できる能力であり，非認知能力はこれまでの学校教育では注視されてこなかった測定できない能力である。

　社会人基礎力「前に踏み出す力」は，表2に示されたとおり，非認知能力「主体性」「実行力」「統率力」に該当する。社会人基礎力「考え抜く力」は，表2に示されたとおり，非認知能力「問題解決力」「計画力」「創造性」に該当する。社会人基礎力「チームで働く力」は，表2に示されたとおり，非認知能力「協調性」「コミュニケーション力」「自己管理能力」「自己肯定感」「規範意識」「公共性」に該当する。

　大学3年次専門講義の修得目標は，筆者の場合，表2のとおり，認知能力「c.専門性・専門知識」，非認知能力「①問題解決力」「⑤主体性」「⑪探究心」の順である。履修人数の多／少と授業形態の

表2　人生を豊かにする力と社会人基礎力

人生を豊かにする力		社会人基礎力		大学専門講義
認知能力	a. 基礎学力		（該当なし）	修得済み
	b. 基礎的な知識・技能		（該当なし）	修得済み
	c. 専門性・専門知識		（該当なし）	修得目標1
非認知能力	① 問題解決力	考え抜く力	iv. 課題発見力	修得目標2
		考え抜く力	vi. 計画力	
	② 批判的思考力		（該当なし）	
	③ 協調性	チームで働く力	ix. 柔軟性	
	④ コミュニケーション力	チームで働く力	viii. 傾聴力	
	⑤ 主体性	前に踏み出す力	i. 主体性	修得目標3
	⑥ 自己管理能力	チームで働く力	x. 情況把握力	
	⑦ 自己肯定感	チームで働く力	vii. 発信力	
	⑧ 実行力	前に踏み出す力	iii. 実行力	
	⑨ 統率力	前に踏み出す力	ii. 働きかけ力	
	⑩ 創造性	考え抜く力	v. 創造力	
	⑪ 探究心		（該当なし）	修得目標4
	⑫ 共感性		（該当なし）	
	⑬ 道徳心		（該当なし）	
	⑭ 倫理観		（該当なし）	
	⑮ 規範意識	チームで働く力	xi. 規律性	
	⑯ 公共性	チームで働く力	xii. ストレスコントロール力	

注：大学専門講義のなかで，a.基礎学力とb.基礎的な知識・機能は，1年次～2年次に修得済みと仮定した。
出所：日本生涯学習総合研究所（2018）5頁・表4をもとに筆者作成。

講義/演習によって，修得目標は変わる。筆者の場合，履修人数が150人を超える専門講義では，認知能力「c.専門性・専門知識」と非認知能力「①問題解決力」のみを修得目標にすることもある。認知能力と非認知能力の議論は始まったばかりであり，「①問題解決

力」「②批判的能力」を認知能力に入れる場合もある[4]。本章でも「①問題解決力」「②批判的能力」は，認知能力と捉えている。

　Tough（2016）によれば（邦訳タフ 2017），「教員には，認知能力を伸ばすことが得意な教員と，非認知能力を伸ばすことに長けた教員がいて，この２タイプの教員は重ならない」（邦訳 2017・99頁）。タフ（2017）の教員分類にもとづけば，筆者は，認知能力「c.専門性・専門知識」「①問題解決力」（本書では「①問題解決力」を認知能力と捉えている）を伸ばすことが得意な教員であろう。

　非認知能力は測定できない能力であるが，タフ（2017）によれば，①出席日数，②停学回数，③留年の有無，④GPAの代替尺度を用いた数値で，非認知能力は測ることができる[5]。

4） 認知心理学分野では，自らの認知能力を客観的に振り返ることができる能力をメタ認知能力とよんでいる。メタ認知能力を磨けば，「問題解決力」や「批判的思考力」を高められるという考えであり，認知心理学分野のメタ認知能力では「問題解決力」や「批判的思考力」を認知能力と捉えている。
5） 「この新しい指標は，大まかにではあるが，生徒がどれくらい積極的に学校に関与しているかを示している。きちんと出席しているか。行動に問題があるか。教室でどの程度真面目に勉強しているか。意外にも，このシンプルな代替尺度がテストの得点よりもよい指標になることがわかった」（邦訳タフ 2017・98頁）。

参考文献

大竹文雄（2015）「就学前教育の重要性と日本にほける本書の意義」，ヘックマン『幼児教育の経済学』東洋経済新報社，109-124頁。

倉本哲男（2004）「サービス・ラーニング（Service Learning）の授業構成因子に関する研究：『リフレクション』（Reflection）との関係性に着目して」『教育方法学研究』30，59-70頁。

経済産業省経済産業政策局（2018）「『人生100年時代の社会人基礎力』と『リカレント教育』について」。

国立大学法人お茶の水女子大学（2016）「幼児期の非認知的な能力の発達をとらえる研究：感性・表現の視点から」。

駒谷昇一（2011）「PBL（Project Based Learning）型授業実施におけるノウハウ集」先導的ITスペシャリスト育成推進プログラム。

志々田まなみ・熊谷愼之輔・佐々木保孝（2009）「サービス・ラーニングにおけるセルフアセスメントに関する一考察：教育的体験を学習成果につなげるための『ふり返り』に着目して」『広島経済大学研究論集』32（2），1-9頁。

中井俊樹（2015）『アクティブ・ラーニング：シリーズ大学の教授法3』玉川大学出版部。

日本生涯学習総合研究所（2018）「『非認知能力』の概念に関する考察」。

古河幹夫（2017）「学習観の転換と地方大学の可能性」，木村務・古河幹夫編『地方大学の挑戦：経済・経営系での教育実践』石風社，13-36頁。

無藤隆（2016）「生涯の学びを支える『非認知能力』をどう育てるか」『これからの幼児教育2016』ベネッセ教育総合研究所，18-21頁。

森定玲子（2010）「サービス・ラーニングにおける『ふり返り』の視点と方法に関する一考察：プール学院大学の実践を事例として」『プール学院大学研究紀要』50，117-128頁。

文部科学省中央教育審議会教育課程部会高等学校部会（2016）「第5回配付資料1：学習指導要領改訂の方向性（案）」。

文部科学省中央教育審議会大学分科会（2016）「『卒業認定・学位授与の方針』（ディプロマ・ポリシー），『教育課程編成・実施の方針』（カリキュ

ラム・ポリシー）および『入学者受入れの方針』アドミッション・ポリシー）の策定及び運用に関するガイドライン」。

文部科学省中央審議会幼児教育部会（2016）「資料1 幼児教育部会取りまとめ（案）」。

安永悟（1995）「LTD話し合い学習法の導入：参加者の評価と指導上の注意点」『久留米大学文学部紀要（人間科学科編）』12-13, 43-57頁。

安永悟（1999）「LTD話し合い学習法の大学教育への適用」『久留米大学文学部紀要』15, 45-47頁。

安永悟（2006）『実践・LTD話し合い学習法』ナカニシ出版。

湯浅且敏・大島純・大島律子（2011）「PBLデザインの特徴とその効果の検証」『静岡大学情報学研究』16, 15-22頁。

和栗百恵（2010）「『ふりかえり』と学習：大学教育におけるふりかえり支援のために」『国体躯教育政策研究所紀要』139, 85-100頁。

米谷淳（2016）「授業改善に関する実践的研究13：アクティブ・ラーニングと教員（2）」『大学教育研究』24, 1-7頁。

Ash, S. L. and Clayton, P. H. (2004). "The Articulated Learning: An Approach to Guided Reflection and Assessment", Innovative Higher Education, 29 (2): pp.137-154.

Gibbs, G. (1988). Learning by Doing: A guide to teaching and learning methods, Further Education Unit, Oxford: Oxford Polytechnic, 129p.

Heckman, J. E. (2013). "Giving Kids a Fair Chance: A Strategy that Works", The MIT Press: Boston Review Books, 137p（ヘックマン（2015）『幼児教育の経済学』東洋経済新報社）.

Johnson, D. W., Johnson, R. T., Holubec, E. J. & Roy, P. (1984). CIRCLES OF LEARNING: Cooperation in the classroom, Alexandria: Assn for Supervision and Curriculum, 88p（ジョンソン・ジョンソン・ホルベック［石田裕久・梅原巳代子訳］（2010）『学習の輪：学び合いの協同教育入門』第5版邦訳, 二瓶社）.

Kolb, D. A. (1984). Experiential Learning: Experience as Source of

Learning and Development, New Jersey: FT Press, 288p.

Tough, P. (2016). Helping Children Succeed: What Works and Why, Random House Books, New York（タフ（2017）『私たちは子どもに何ができるのか：非認知能力を育み，格差に挑む』英治出版）.

Woods, D. R. (1994). Problem-Based Learning: how to gain the most from PBL, Woods publishing, Hamilton; W.L. Griffin（ドナルド R.ウッズ著，新道幸恵訳（2001）『PBL（Problem-Based Learning）：判断力を高かめる主体的学習』医学書院）.

第3章　問題基盤型学習と振り返る学び

要　旨

　問題基盤型学習（別称；問題解決型学習，Problem-Based Learning）にはどのような効果があるのか。本章では，問題基盤型学習（別称；問題解決型学習）を通じて，学生たちはどのような認知能力を養うことができたのかについて検証した。

　検証の結果，筆者（松山短期大学准教授当時）が兼任した松山大学経済学部2018年度「地域政策論」では，「科目内容にもとついた学習」と学習の振り返りによって，学生たちに①認知能力「基礎的な知識・技能」「専門性・専門知識」「問題解決力」「批判的思考力」と非認知能力「主体性」の涵養，②自発的学習の継続，という2つの成果が得られた。また学習の振り返りによって，学生たちの認知能力と非認知能力が並行して伸びていることもわかった。

キーワード：問題基盤型学習／振り返り支援／認知能力／非認知能力／自発的学習

1. 研究の目的と検証方法

1.1. 研究の目的

　問題基盤型学習（別称；問題解決型学習，Problem-Based Learning）にはどのような効果があるのか。問題基盤型学習（別称；問題解決型学習）を通じて，学生たちはどのような認知能力と非認知能力を

養うことができたのか[1]。本章の目的は，2018年度に筆者（松山短期大学准教授当時）が松山大学経済学部で兼任した授業「地域政策論」（選択科目・2単位）から問題基盤型学習（別称；問題解決型学習）の効果と振り返り支援の成果を検証することにある[2]。たんに外部講師を招聘するのではなく，特定の地域が抱える経済的課題に対して，学生たちが地域経済学の理論を使って検討する本授業の取り組みとその成果は，「地（知）の拠点大学による地方創生推進事業」により地域社会と連携した問題解決に取り組む大学を議論するうえで，一定の貢献があろう[3]。

1.2. 知識の修得方法

①科目内容にもとづいた学習（Woods 1994・図5）では，習得すべき知識が伝えられ，その知識を習得し，知識を使うための問題が与えられる。問題を解き，習得した知識を振り返る。履修学生が50人以上いる大学の講義型授業は，①科目内容にもとづいた学習である。厳密にいえば，シラバスや授業計画にもとづいた学習で

---

1) Cognitive AbilitiesとCognitive Skillsについて，日本の既存研究ではまだ明確に区分されていないので，本研究では「認知能力」と表記している。
2) 松山大学経済学部では，2018年度入学生から新カリキュラムが採用された。2017年度以前の入学生は「地域産業論」（3年次選択科目・2単位），2018年度以降の入学生は「松山市の経済と課題」（2年次選択科目・2単位）として開講している。同じく，2017年度以前の入学生は「地域政策論」（3年次選択科目・2単位），2018年度以降の入学生は「愛媛県の経済と課題」（3年次選択科目・2単位）として開講している。本章では，履修生の入学年度に合わせて「地域産業論」「地域政策論」（いずれも3年次選択科目・2単位）と表記している。
3) 文部科学省高等教育局大学振興課大学改革推進室（2018）によれば，地（知）の拠点大学による地方創生推進事業とは「若年層の東京一極集中を解消するため，個別大学への支援から全学的に地域を志向する大学群，自治体，地域の中小企業等との連携を必須とし，地域を担う人材を育成するための教育改革の実行等により，それぞれの地域の実情に応じた雇用創出や学卒者の地元定着率向上に向けた取組への支援に転換することで，地（知）の拠点に大学による地方創生を推進する」事業をいう。

ある。

　他方,②問題にもとづいた学習（Woods 1994・図6）では,問題が提起され,問題を解くために不足している知識を見定め,その知識を修得する。修得した知識を使って,最初に提起された問題を解く。大学の演習型授業,とくに卒論指導は,②問題にもとづいた学習である。

　①科目内容にもとづいた学習は,授業開始時に習得すべき知識が決まっている。他方,②問題にもとづいた学習は,授業開始時に修得すべき知識は決まっておらず,不足する知識を学習者自ら見定め修得する。授業開始時に,習得／修得すべき知識が決まっているか否かが,①科目内容にもとづいた学習か,②問題にもとづいた学習（問題基盤型学習,別称；問題解決型学習）かの違いである。

　Hmelo-Silver（2004）もWoods（1994）と同様の指摘を提示している。Hmelo-Silver（2004）の問題解決型サイクル（図7）

図5　①科目内容にもとづいた学習（Subject-Based Learning）

出所：Woods, D. R.（1994）p.2-2, Figure 2-1をもとに筆者作成。

図6　②問題にもとづいた学習（Problem-Based Learning, 問題基盤型学習）

出所：Woods, D. R.（1994）p.2-2, Figure 2-1をもとに筆者作成。

図7 問題基盤型学習サイクル

出所：Hmelo-Silver, C.（2004）p.237, Figure 1をもとに筆者作成。

では，まず現実社会の問題点が与えられ，学生は事実を特定し，仮説を立て問題点を分析する。問題を解決するための知識が不足しているなら，その不足した知識を修得する。このような問題を解決するために不足する知識を特定し修得することが，自発的学習である[4]。最後に，現実社会の問題点に対して，新しく修得した知識を振り返り抽象化する。

1.3. 検証方法

本章では，学生たちが授業終了後，①不足する知識（地域経済学の各理論）の修得に取り組んだかどうかについては教科書『都市・地域経済学への招待状』（佐藤泰裕・有斐閣・2014年）の精読時間，②新しく獲得した知識を適用し抽象化できたかどうかについては小論文の作成時間から検証する。③不足する知識（地域経済学の各理論）を新しく修得できているかどうかについては，講義1回目と講義15回目の終了後に実施した同じ問題の正答率から検証する。④そのうえで，「地域政策論」受講生と非受講生の間で1週間あたりの自発的学習総時間に差があるかどうかを検証する。

検証を行うにあたって，本章では，松山大学経済学部2018年度

---

4) 日本における自発的学習とは，「与えられた教育課程の枠のなかで，子どもが自らの力で問題をもち，必要な資料や情報を収集あるいは分析し，問題解決に取り組んでいく学習」（日本大百科全書・https://kotobank.jp/）をいう。

「地域政策論」から，学生たちが修得すべき認知能力について，次のように定義した。

〔2018年度「地域政策論」を通じて修得すべき認知能力〕
a. 「価格と需要や供給の関係」など，ミクロ経済学とマクロ経済学の理解力を認知能力「基礎学力」とし，経済学部2年生は1年次に修得済みと設定した。
b. 教科書に記載が無い「都市の4段階成長論」「バージェスの同心円モデル」「人口移動モデル」など，基礎的な地域経済学の理解力を認知能力「基礎的な知識・技能」とし，本授業を通じて修得すべきと内容と設定した（表3参照）。
c. 教科書に記載が有る「ウエーバーの工業立地論」「リカードの比較優位論」「集積の経済」「都市住民の便益」「政府の失敗と市場の失敗」など，専門的な地域経済学の理解力を認知能力「専門性・専門知識」とし，本授業を通じて修得すべき内容と設定した（表3参照）。
d. 経済学理論（主に上記のa. b. c.）にもとづく問題解決力を，本授業を通じて修得すべき認知能力「問題解決力」と設定した。
e. 「愛媛県の人口」「愛媛県の社会移動者数」「最低賃金の格差」など，統計データにもとづく批判的思考力を認知能力「批判的思考力」としの本授業を通じて修得すべきと設定した。

本書では，Hmelo-Silver（2004）の問題基盤型学習サイクルにもとづいて，表3のとおり，地域の問題点と修得すべき知識を設計した。表3に示された授業「地域政策論」における問題基盤型学習サイクルの一例では，地域の問題点に対して，自発的学習から不足する知識が修得できるように設計した。

表3　問題基盤型学習サイクルを活用した授業「地域政策論」の一例

	地域の問題点	修得すべき知識
1	なぜ愛媛県は人口が減少しているのか	都市の4段階成長論※
2	なぜヒカリ株式会社は東温市で操業しているのか	ウエーバーの工業立地論
3	なぜ今治タオル産業には比較優位があるのだろうか	リカードの比較優位論
4	なぜヤマキ株式会社は伊予市で操業しているのか	ウエーバーの工業立地論
5	なぜ東温市は松山市のベッドタウンなのか	バージェスの同心円モデル※
6	なぜいま伝統工芸なのか	集積の経済
7	なぜ砥部焼産業には比較優位がないのだろうか	リカードの比較優位論
8	なぜ南予養殖産業には比較優位があるのだろうか	リカードの比較優位論
9	なぜ愛媛柑橘農業には比較優位があるのだろうか	リカードの比較優位論
10	なぜ産業振興政策が必要なのか	政府の失敗と市場の失敗
11	なぜ人口減少対策が必要なのか	人口移動モデル※
12	なぜ今治造船産業振興政策が必要なのか	リカードの比較優位論
13	大都市と地方都市の違いはなにか	都市住民の便益
14	企業規模の大きさに差異はあるのか	グループワーク
15	愛媛県の経済的課題に対する問題解決案を提案せよ	(振返り支援・抽象化)

注：※印は，教科書に記載が無い地域経済学の理論を示している。
出所：筆者作成。

2. 検証結果

2.1. 検証結果①：不足する知識（地域経済学の各理論）の修得に取り組んだかどうか

　不足する知識（地域経済学の各理論）の修得に取り組んだかどうかについては教科書『都市・地域経済学への招待状』（佐藤泰裕・有斐閣・2014年）精読時間から検証する。自宅で教科書を精読しているかどうかは，次回の授業中に，学生たちの教科書への書き込みをチェックし，ある程度の書き込みがあるときは加点する（書き込みがない場合でも減点しない）と学生たちと取り決めた。図8に示さ

図8　教科書精読時間（2018年度「地域政策論」・N=157）

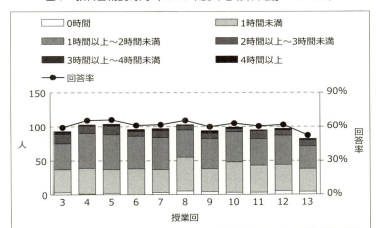

出所：「地域政策論」（松山大学経済学部2018年度）アンケート調査（各回）の結果から筆者作成。

れたように，不足する知識（地域経済学の各理論）を学ぶための時間（教科書精読時間）は，1時間以上～2時間未満，1時間未満の順で多い。履修生157人のうち，およそ95人前後（約60％）の学生が不足する知識を新たに修得するため，自発的学習を授業外で継続していたことがわかった。

2.2. 検証結果②：修得した知識（地域経済学の各理論）を振り返って抽象化できたかどうか

学生たちが新しく修得した知識を振り返り抽象化できたかどうかについて，「①地域経済学の理論的裏づけ」（500字），「②客観的根拠」（1 000字・図表挿入必須），「③経済的課題の解決案」（500字）を記載した小論文作成を毎回課した。「①地域経済学の理論的裏づ

け」は認知能力「基礎的な知識・技能」や認知能力「専門性・専門知識」,「②客観的根拠」は認知能力「批判的思考力」,「③経済的課題の解決案」は認知能力「問題解決力」を,それぞれ涵養するための課題である。

　以下の図9と図10は,学生が作成した「①地域経済学の理論的裏づけ」(500字) の一部である。学生たちは授業を通じて「①地域経済学の理論的裏づけ」をもとに愛媛県の地域経済を分析していた。

図9　地域経済学の理論的裏づけ（第5回・バージェスの同心円モデル）の学生A答案

> 　都市はそれぞれが一定の広がりを持つ。ほとんどの都市では商業・業務施設が中心部にある。その中心部から離れると住宅や農地といった土地利用の割合が増える。具体的にいえば内側から外側へ,中心部,工場地帯,労働者住宅地帯,優良住宅地帯,通勤者住宅地帯という順になる。近年は農地にショッピングセンターのような商業施設が建設されることで中心市街地がさびれることもあるが,大きな図式で見れば街中と郊外ということに変わりない。
> 　同心円地帯モデルを松山市にあてはめて考えれば中心部が松山市駅周辺であり,工場地帯がいよ立花駅周辺,労働者住宅地帯が北久米駅周辺,優良住宅地帯が見奈良駅周辺,通勤者住宅地帯が横河原駅周辺である。東温市を同心円地帯モデルで考えると労働者住宅地帯から優良住宅地帯にあてはまる。

注：学生答案は学生AがMicrosoft Wordで作成したものをMoodleで回収した。
出所：「地域政策論」(松山大学経済学部2018年度) 第5回小論文より筆者
　　　抜粋。

図10 地域経済学の理論的裏づけ（第9回・リカードの比較優位論）の学生B答案

> 比較優位の例として，愛媛県の柑橘農業と愛知県の自動車産業と比較する。愛媛県の柑橘農業は一単位生産するのにa1単位の労働力が，愛知県では一単位生産するのにa2単位の労働力が必要となる。愛媛県の自動車産業は一単位生産するのにb1単位の労働力が，愛知県ではb2単位の労働力が必要となる。ここでa1/b1＜a2/b2を仮定する。愛媛県における柑橘農業を一単位生産することの機会費用は，自動車産業のa1/b1単位である。愛知県も同様に考えると，a2/b2単位である。先の仮定から，柑橘農業で一単位生産することの機会費用は愛媛県のほうが愛知県より低くなっている。このことから，愛媛県は柑橘農業の生産，愛知県は自動車産業の生産に比較優位をもっているということになる。

注：学生答案は学生BがMicrosoft Wordで作成したものをMoodleで回収した。
出所：「地域政策論」（松山大学経済学部2018年度）第9回小論文より筆者抜粋。

　以下の図11と図12は，学生が作成した「②客観的根拠」（1,000字・図表挿入必須）の一部である。学生たちは「地域経済学の理論的裏づけ」をもと統計データから検証できるまでに成長していた。

図11 「客観的根拠」（第5回・東温市と松山市の関係）の学生C答案

> 図3と表1から，円の中心部である「松山市中心部東エリア」と「松山市中心部西エリア」では人口密度が高い。他方，円の中心から離れていくにつれて人口密度が小さくなっている。同心円地帯モデルの中心業務地区は，「松山市中心部東」「松山市西エリア」が該当する。高島屋や大街道などの商業施設があり，人口も多い。通勤者住宅地帯は「松山市城東エリア」「松山市北条エリア」「東温市郊外」などがあてはまり，田んぼや森林に囲まれ，商業施設よりも比較的住宅地が多い。また人口も少ないことが特徴的である。以上のことから，松山市中心部から東温市郊外までの人口分布について，同心円地帯モデルが成り立っている。

注：学生答案は学生CがMicrosoft Wordで作成したものをMoodleで回収した。
出所：「地域政策論」（松山大学経済学部2018年度）第5回小論文より筆者抜粋。

図12 「客観的根拠」(第9回・愛媛柑橘農業の比較優位) の学生D答案

> このグラフは「紅まどんな」と「甘平」の出荷量とkgあたり単価の推移である。「紅まどんな」「甘平」はともに出荷量が増加傾向である。見た目などにも厳しい基準があり，天候に恵まれないと出荷量が落ち込む年もある。kgあたり単価は500円から1,000円の間を推移している。農林水産省果樹をめぐる情勢によると温州みかんのkgあたり単価は1年の間で150円から250円の間を推移しているためかなりの価格差がある。

注：学生答案は学生DがMicrosoft Wordで作成したものをMoodleで回収した。
出所：「地域政策論」(松山大学経済学部2018年度) 第9回小論文より筆者抜粋。

　以下の図13と図14は，学生が作成した「③経済的課題の解決案」(500字)の一部である。学生たちは「①地域経済学の理論的裏づけ」をもとに統計データから検証し，自分で考えた解決策を立案できるようになっていた。

図13 「経済的課題の解決案」(第5回・東温市と松山市の関係)の学生E答案

> 東温市は同心円地帯モデル中心部の松山市と隣接していることから，交通の面で有利であり，住宅地帯に適している。東温市の人口移動表(表2)をみると，2009年まで人口が増加しているが，以後は人口が減少している。人口推移と周辺市町別人口移動状況から，松山市へ転出する人の動きが東温市の人口減少に影響を及ぼしている。進学や就職によって東温市から松山市に転入している。その一方で東温市は松山市に隣接しているので愛媛県内からの転入が多い。今後，東温市は同心円地帯モデルの通勤者住宅地帯を整備していけば，人口が集まってくると考えられる。

注：学生答案は学生EがMicrosoft Wordで作成したものをMoodleで回収した。
出所：「地域政策論」(松山大学経済学部2018年度) 第5回小論文より筆者抜粋。

図14 「経済的課題の解決案」(第9回・愛媛柑橘農業の比較優位) の学生F答案

> 　南予地域の柑橘類の栽培地は海の近くで急傾斜なところであり，日光，石垣から反射する光，海から反射する光の3つの光が高品質なみかんの生産に欠かせない。区画整理やICTを活用した次世代の技術を利用した新しい農業の形態を生み出そうとしている。
> 　高齢化が深刻な状況であり，若年層の新規就農者の確保だけでなく熟練の勘やノウハウを上手く継承できなければ，衰退していく可能性が非常に高い。しかし「紅まどんな」「甘平」などのブランド化によって今以上に飛躍し，新規就農者がさらに増加すれば，区画整理，スマート農業によって作業の効率化が図られ，愛媛の柑橘栽培はさらに成長する可能性がある。

注：学生答案は学生FがMicrosoft Wordで作成したものをMoodleで回収した。
出所：「地域政策論」(松山大学経済学部2018年度) 第9回小論文より筆者抜粋。

　上記の図9・図10・図11・図12・図13・図14のように新しく獲得した知識を適用し抽象化できたかどうかについては，小論文作成の時間から検証する。新しく獲得した知識を適用し，抽象化する時間（小論文作成時間）は，図15に示されたように，1時間以上～2時間未満，2時間以上～3時間未満の順で多い。履修生157人のうち，およそ95人前後（約60％）の学生が，新しく獲得した知識を適用し，抽象化するために，自発的学習を授業外で継続していたことがわかった。

　不足する知識（地域経済学の各理論）を新たに修得するための時間（教科書精読時間・前掲の図8）と，新しく修得した知識を振り返り抽象化する時間（小論文作成時間・図15）を比較した場合，不足する知識（地域経済学の各理論）を修得するための時間（教科書精読時間）よりも，新しく修得した知識を振り返り抽象化する時間（小論文作成時間）を学生たちは多くとる傾向があった。

図15 小論文作成時間（2018年度「地域政策論」・N=157）

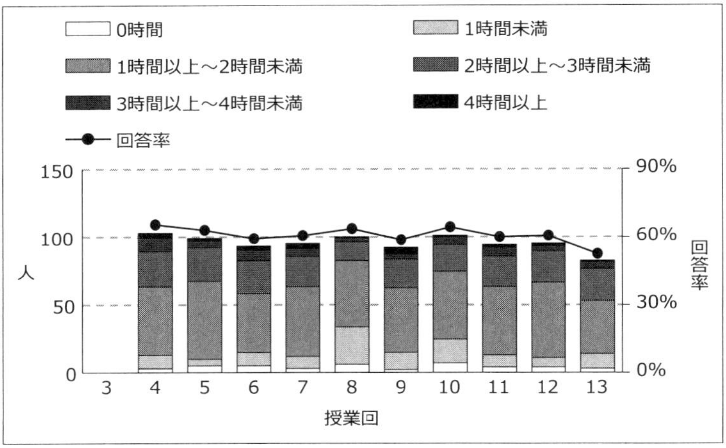

出所：「地域政策論」（松山大学経済学部2018年度）アンケート調査各授業回の結果から筆者作成。

つまり，学生たちは「問題解決力」(「*物事の意味を正しく捉え，自分の理解度や対応できる範囲を把握したうえで，問題解決にあたることができる力をベースとし，自分で考え，本質的な問題を発見し，解決策を立案し，さらに，それを臨機応変かつ適切に対応しながら遂行（実行し成果を出す）することができる力*」)（前掲の第2章・表1）を培うため，継続的に自発的学習を続けていたことがわかった。

2.3. 検証結果③：不足する知識（地域経済学の各理論）を修得できたかどうか

不足する知識（地域経済学の各理論）を新しく修得できているかどうかについて，講義1回目と講義15回目の終了後に実施した同じ問題の正答率から検証する。

地域経済学の理論を振り返り抽象化する時間について，学生たちは，授業終了後，毎回，２時間程度の自発的学習時間を取っていた（前掲の図15）。問題解決で使われる能力は「学術経験の知識」と「学術知識の構造」にもとづくと指摘する Woods（1994・前掲の図3）に従い，学術知識の修得率（地域経済学各理論の正答率）を表4に整理した。

　表4において，修得率（正答率）が最も高かったのは，全15回のうち5回も取りあげた認知能力「専門性・専門知識」の「比較優位論」である。授業中に解説できなかった認知能力「基礎的な知識・技能」の「都市の4段階成長論」「都市住民の便益」について，学生たちの自発的学習を期待したが，「都市の4段階成長論」修得率は0％（第1回後）から24％（第15回後）へ向上しているものの，「都市住民の便益」修得率は2％（第1回後）から5％（第15回後）へ微増しただけである。

　表4の認知能力「批判的思考力」修得率（正答率）は，「愛媛県の人口推移」9％（第1回後）から87％（第15回後）へと大きく伸びている。また「愛媛県の社会移動者数」は3％（第1回後）から51％（第15回後），「最低賃金の格差」は9％（第1回後）から65％（第15回後）と伸びている。客観的根拠（統計データ）にもとづく批判的思考力について，単純なデータの読み取り能力と，統計データを分析する能力が伸びたといえよう。

　表4のなかで特筆すべきは，非認知能力「主体性」の涵養である。愛媛県では，台風7号と梅雨前線による集中豪雨「2018年7月豪雨」の影響によって，柑橘農業や家屋に甚大な被害が出ている。この「2013年7月豪雨」に対する愛媛県災害ボランティアや被災地復興イベントへの参加数が，2人（第1回後）から43人（第15回後）まで増加していることに着目したい。「地域産業論」（前期開講・選

表4 認知能力・非認知能力と地域経済学各理論の修得率
（確認テストの結果・2018年）

		第1回後 (n=116)				第15回後 (n=87)			
		正解		不正解		正解		不正解	
基礎的な知識・技能	人口移動モデル	3	3%	113	97%	55	64%	31	36%
	同心円モデル	0	0%	116	100%	63	73%	23	27%
	都市の4段階成長論*	0	0%	116	100%	24	28%	62	72%
専門性・専門知識	都市住民の便益*	2	2%	114	98%	4	5%	82	95%
	集積の経済	4	3%	112	97%	54	63%	32	37%
	比較優位論	5	4%	111	96%	75	87%	11	13%
	工業立地論	3	3%	113	97%	50	58%	36	42%
批判的思考力	愛媛県の人口	11	9%	105	91%	75	87%	11	13%
	愛媛県の社会移動者数	3	3%	113	97%	44	51%	42	49%
	最低賃金の格差	11	9%	105	91%	56	65%	31	36%
主体性	2018年西日本豪雨災害へのボランティアなど	2	2%	114	98%	43	50%	43	50%

注1：確認テストは，第1回目と第15回目の終了後，全11題に対して，90分の時間制限を設けて実施した。
注2：図中の＊印は，授業内で取り上げなかった地域経済学の理論を示している。
出所：「地域政策論」（松山大学経済学部2018年度）確認テストの結果から筆者作成。

択科目）と「地域政策論」（後期開講・選択科目）を経て，受講生のなかで地域愛や郷土愛の気運が高まったと考えられる[5]。

なお，確認テスト（表4）の得点に関して（11点満点），講義前の平均点（0.34）と講義後の平均点（5.74）には偏りがあった（t (197)

---

[5] 筆者が担当した2018年度「地域政策論」（後期開講・選択科目）履修生のほとんどは，筆者担当の2018年度「地域産業論」（前期開講・選択科目）を履修していた。

= 23.80, p < 0.01）。

 以上のことから，認知能力「基礎的な知識・技能」「専門性・専門知識」『問題解決力』「批判的思考力」を修得する過程で，学生たちは非認知能力「主体性」も培(つちか)っていた。Heckman（2013）や無藤（2016）が指摘した，認知能力と非認知能力は並行して伸びることは，本章でも確認できた。

 学生たちが作成した問題解決の各案は，各外部講師に手渡した。外部講師が抱える特定地域の経済的課題に対して，地域経済学の各理論を使って学生が問題解決案を考え，その解決案を外部講師と学生で共有する。これが筆者の設計した問題基盤型学習（別称；問題解決型学習）と振り返り支援を組み合わせた授業「地域政策論」の特徴である。

2.4. 検証結果④：「地域政策論」受講生と非受講生の間で自発的学習時間に差異があるかどうか

 2018年度「地域政策論」受講生と非受講生の間で1週間あたりの自発的学習時間に差があるかどうかについて検証する。

 同じ松山大学経済学部3年生のなかでも，2018年度経済学部上級生（n=352）の1週間あたり自発的学習合計時間は，図16に示されたとおり，1時間未満（38％），1時間以上～2時間未満（32％）の順で多い。一方，2018年度地域政策論受講生（n=97）の1週間あたり同科目自宅学習時間は，「2時間以上」（70％），「1時間以上～2時間未満」（27％）の順で多く，2018年度地域政策論受講生の1週間あたり自発的学習合計時間は，同学年生・2018年度経済学部上級生（2018年度「地域政策論」受講生を含む）よりも上まわっていた。

 2018年度地域産業論受講生（前期開講・選択科目）と2018年度

図16 1週間あたりの自発的学習時間（2018年）

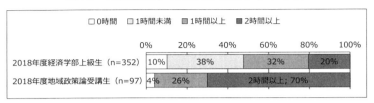

出所：松山大学学長事務室（2019）と「地域政策論」（松山大学経済学部2018年度）アンケート調査の結果（本章の図8と図15）から筆者作成。

地域政策論受講生（後期開講・選択科目）の1週間あたり同科目自宅学習時間を比較すると，「2時間以上～」が占める割合は，2018年度地域産業論受講生（35%・図16未掲載）よりも2018年度地域政策論受講生（70%）のほうが35ポイントも多い。受講生たちは，前期「地域産業論」から後期「地域政策論」にかけて，自宅学習時間を2時間以上自主的に取るようになっていた。図16に「2018年度地域産業論受講生」（n=146）を加えた表データには，上述のように，1週間あたりの自発的学習時間に偏りがあった（$\chi^2(6) = 108.66, p < 0.01$）。

3. 考察と振り返り

学生たちは，授業中に外部講師が抱える特定地域の経済的課題を聞き，授業終了から一週間以内に，地域経済学の各理論を使って問題解決案を考え，レポートにまとめて外部講師へ提出した。そのレポートに対する外部講師による学生評価のなかで，公開可能なものを表5に整理した。

外部講師B（伊予市産業経済雇用戦略課）は「姿勢よく話を聞いて

表5　授業登壇者（外部講師）による学生評価（2018年）

	授業や課題レポートに対する感想	自社へのフィードバック
A（ヤマキ株式会社人事課）	話した内容を理解し，課題のレポートを作成していると感じた。 レポート作成に関して，図やグラフなどを使い，読み手が分かりやすくまとめようとしている。 やゝレポートの内容には自分の言葉で書こうとしているものと，若干教科書の受け売りのような内容が散見される。 弊社の状況を理解し，工場の立地論をベースに様々なことを考えていただき，非常にありがたく思う。	同じ内容の話を聞いても，様々な意見があることは，今後，弊社若手社員や就活生と話をする際の貴重な気づきであった。
B（伊予市産業経済雇用戦略課）	寝ている学生もおらず，姿勢よく話を聞いてくれていたのが好印象だった。 学生が作成したレポートは，問題意識や学術的根拠を踏まえて，客観的根拠に対する自分なりの意見がきちんとまとめられている。 優秀な学生さんが多いと印象を受けた。 学生のみなさんには，伊予市のみならず愛媛県内各地域の産業について学習していたので，今後就職の選択肢を広げ，企業探しの参考等にしていただけたらと思う。	登壇にあたって地域の経済や産業の現状・課題を整理していく過程で，これまで見えていなかった新たな課題などの発見もあり，登壇がとても良い機会になった。
C（愛媛県農産園芸課）	学生が想像していたより真剣に聞いていたので，学生の姿勢に感心した。 学生レポートは，高齢化後継者不足問題への認識，愛媛県で栽培している柑橘品種の多様さ，生産量の多さなどへの理解がみられ，十分に分析できていた。	愛媛県の柑橘生産について，若い方々に知ってもらえる機会ができ，ありがたい。こういう機会は愛媛県としても重要なことであり，大学との連携機会を増やすべきだと考えるにいたった。
D（愛媛県産業政策課）	かなり真面目に受講してレポートを書いている人が多い。その反面，推敲が足りないレポートもあった。レポート内容にレベルの幅がかなり大きかった。 全体的には，真面目に聞いてくれているという印象だが，なかには授業に集中できていない雰囲気の学生も，ごく一部見受けられた。	事前に打ち合わせして，準備ができていれば，学生の興味あるテーマに絞れたと思う。学生と接して，不快な印象は一切なく，良い経験をさせていただいた。

注：授業登壇者（外部講師）の感想は，個人的見解であり，所属組織の公式見解ではない。
出所：「地域政策論」（松山大学経済学部2018年度）登壇後の聞き取り調査から筆者作成。

くれていた」，外部講師C（愛媛県農産園芸課）は「学生の姿勢に感心した」と評している。本章では十分に検証できなかった非認知能力の涵養がうかがえる（ここでは「共感性」「規範意識」が該当しよう）。

外部講師A（ヤマキ株式会社人事課）は「なぜヤマキ株式会社は伊予市で操業しているのか」に対する学生レポートについて，「弊社の状況を理解し，工業立地論をベースに様々なことを考えている」ものの，「自分の言葉で書こうとしているものと，若干教科書の受け売りのような内容が散見される」と述べている。その一方で，同外部講師Aは「同じ内容の話を聞いても，様々な意見があることは，今後，弊社若手社員や就活生と話をする際の貴重な気づきであった」と，授業登壇を通じて自社で生かせる気づきが得られたと述べている。受講生だけではなく登壇した外部講師にも非認知能力の「実行力」「共感性」が，松山大学経済学部2018年度「地域政策論」を通じて培えていた。

筆者が授業設計した授業「地域政策論」における問題基盤型学習サイクル（前掲の表3）について振り返る。この授業によって学生たちの認知能力と非認知能力が涵養されたことは先述のとおりである。しかしながら，授業各回がHmelo-Silver（2004）の問題解決型サイクル（前掲の図4）を踏襲できていたかといえば，「否」である。地域経済学の各理論をどの授業回で修得すべきか決めていたことは，問題解決型サイクルの「不足する知識を特定する」に該当しない。不足している知識を特定する作業は，授業担当教員がすべきではなく，学生に委ねるべきであった。筆者が設計した2018年度「地域政策論」は「科目内容にもとづいた学習」（Woods, D. R. (1994) p.2-2, Figure 2-1，本章図5）であったと振り返る。

授業設計の改善点は次のとおりである。授業第1回から第5回で，本授業から修得すべき地域政策論の各理論を講義形式で行い，残り

10回は捏起した経済的課題に対して「いずれの地域経済学の理論を使って問題解決案を考えても良い」としたい。

4．結　論

　本章の目的は，問題基盤型学習（別称；問題解決型学習）を通じて，学生たちはどのような認知能力を養うことができたのかを検証することであった。筆者が担当した松山大学経済学部2018年度「地域政策論」では，まず特定地域の経済的課題が授業担当教員から提起され，学生たちは外部講師の講話のなかから事実を特定し仮説を立て，問題を明確に分析した。そのうえで，学生たちは，不足する知識（地域経済学の理論）を修得するための教科書精読時間と，新しく修得した知識を振り返り抽象化するための小論文作成時間を授業外で自習的学習していた。地域政策論の「科目内容にもとづいた学習」と学習の振り返りによって，学生たちに，①認知能力「基礎的な知識・技能」「専門性・専門知識」「問題解決力」「批判的思考力」と非認知能力「主体性」の涵養，②自発的学習の継続，といった効果が得られたと結論づける。また学習の振り返りによって，学生たちの認知能力と非認知能力が並行して伸びていることも本章ではわかった。

　「科目内容にもとづいた学習」と学習の振り返りから授業「地域政策論」の一例を設計し，その効果を検証できたことは，高等教育研究における本章の学術的な貢献であろう。

参考文献
佐藤泰裕（2014）『都市・地域経済学への招待状』有斐閣。
松山大学学長事務室（2019）「学生調査基礎集計2018」。

文部科学省高等教育局大学振興課大学改革推進室（2018）「地（知）の拠点大学による地方創生推進事業（COC+）」。

Hmelo-Silver, C. (2004). "Problem-Based Learning: What and How Do Students Learn?", Educational Psychology Review, 16 (3), pp.235-266.

Woods, D. R. (1994). Problem-Based Learning: how to gain the most from PBL, Woods publishing, Hamilton; W.L. Griffin（ドナルド R. ウッズ著，新道幸恵訳（2001）『PBL（Problem-Based Learning）：判断力を高かめる主体的学習』医学書院).

第4章　プロジェクト型学習と振り返る学び

要　旨

　プロジェクト型学習（Project-Based Learning）にはどのような効果があるのか。本章では，学生たちが「主体的な学び」「対話的な学び」「深い学び」を実践できたのかについて2つの事例から検証した。

　検証の結果，プロジェクト型学習を通じて，学生たちに地域貢献の精神が養われ，学生たちは「主体的な学び」と「対話的な学び」を実践できたと結論づける。そのうえで，プロジェクト型学習を通じて，学生たちが「深い学び」を実践するためには，経験学習サイクル論（Kolb 1984）をプロジェクト型学習に適応させたうえでプロジェクト型学習を運営すべきであると強調する。

キーワード：プロジェクト型学習／能動的学修／協同学習／経験学習／地域産業振興

1. 研究の目的と授業運営

1.1. 研究の目的

　「課題解決型」能動的学修（アクティブ・ラーニング）の一つであるプロジェクト型学習（Project-Based Learning）には，どのような効果があるのか。プロジェクト型学習を通じて，学生たちが「主

体的な学び」「対話的な学び」「深い学び」を実践できたのか[1]。

　本章の目的は、学生たちが「主体的な学び」「対話的な学び」「深い学び」を実践できたのかについて、2つの事例から検証することである。

　プロジェクト型学習を通じて、学生たちは「主体的な学び」「対話的な学び」「深い学び」が実践できたかどうかを検証することは、文部科学省中央教育審議会大学教育部会（2012）が示す、主体的な学びに結びつく教育内容や教育方法の探求にもつながろう[2]。

1.2. プロジェクト型学習にもとづく授業運営

　プロジェクト型学習は、知識の適用に主眼を置く（湯浅ら2011・19頁）点から、経験学習サイクル論（Kolb 1984）と相性が良い。プロジェクトの設計と過程が個々に委ねられる点で、プロジェクト型学習では、ジョンソン兄弟（邦訳2010）が指摘する、協同学習の3つの利点（①肯定的な対人関係、②社会的能力、③達成への努力）も養われよう。

　グループワークやグループディスカッションを行う際は、ジョン

---

[1] 文部科学省中央教育審議会教育課程部会高等学校部会（2016）では、①「主体的な学び」、②「対話的な学び」、③「深い学び」の三者を、いかに組み合わせて生徒たちへ提供するかが検討され始めている。以下、同書4頁による。
　① 学ぶことに興味や関心をもち、自己のキャリア形成の方向性と関連づけながら、見通しをもって粘り強く取り組み、自らの学習活動を振り返って次につなげる「主体的な学び」が実現できているか。
　② 子ども同士の協働、教員や地域の人との対話、先哲の考え方を手掛かりに考えること等を通じ、自らの考えを広げ深める「対話的な学び」が実現できているか。
　③ 習得・活用・探究の見通しのなかで、教科等の特質に応じて育まれる見方や考え方を働かせて思考・判断・表現し、学習内容の深い理解や資質・能力の育成、学習への動機付け等につなげる「深い学び」が実現できているか。
[2] 文部科学省中央教育審議会大学教育部会（2012）について、詳しくは、本書の第1章を参照されたい。

ソン兄弟ら（邦訳2010）の典型的グループ規模にもとづき，学生2人と社会人1人の3人一組とした。

プロジェクト型学習が高等教育へより良く適応するように，経験学習サイクル論（Kolb 1984）をもとに，「実践」と「経験」の間へ，「実践」と学術的知識をつなぐ「振り返り・概念化（後）」を設けた[3]。具体的には図17に示されたとおり，「経験」「振り返り・概念化（前）」「実践」「振り返り・概念化（後）」の流れでプロジェクト型学習を運営した。

本章では，経験学習サイクル論（Kolb 1984）をプロジェクト型学習へ適用するにあたって，表6に示されたとおり，全体としては内省日誌交換法，①「経験」には「トランプ式討論」「ブレインストーミング」「親和図法」，②「振り返り・概念化（前）」には「ジグソー法」「ピア・インストラクション」「映像活用学習」，③「実

図17　プロジェクト型学習に適用させた経験学習サイクル論

出所：経験学習サイクル論（Kolb 1984, p.21, Figure 2-1）をもとに筆者作成。

3）『イノベーションと企業家精神：エッセンシャル版』（ドラッカー・ダイヤモンド社・2015年）と『先生，イノベーションって何ですか？』（伊丹敬之・PHP研究所・2015年）を用い，毎回，2.5時間かけ学術的知識を振り返ることで，「実践」から「経験」の受け渡しが円滑に進んだ。

表6 経験学習サイクル論と能動的学修（アクティブ・ラーニング）の組み合わせ

経験学習サイクル論 / 能動的学修（アクティブ・ラーニング）の技法	経験	振り返り・概念化（前）	実践	振り返り・概念化（後）
	内省日誌交換法			
	トランプ式討論	ジグソー法	ブレインストーミング	ジグソー法
	ブレインストーミング	ピア・インストラクション	親和図法	ライティング・ディスカッション
	親和図法	映像活用学習	クリエイティブ・セッション	

出所：ジョンソン兄弟ら（邦訳2010）・Kolb（1984）・中井（2015）をもとに筆者作成。

践」には「ブレインストーミング」「親和図法」「クリエイティブ・セッション」，④「振り返り・概念化（後）」には「ジグソー法」「ライティング・ディスカッション」「クリエイティブ・セッション」の能動的学修（アクティブ・ラーニング）をそれぞれ取り入れた[4]。

---

4) 以下の，各能動的学習（アクティブ・ラーニング）は，中井（2015）による。
　④内省日誌交換法とは「授業後，授業時にグループで行った対話について，自己の体験と関連させて振り返りを書かせる技法」（167頁）。
　⑤トランプ式討論とは「自分の意見をカードに書き，それをトランプカードのように扱って議論を進める技法」（163頁）。
　⑥ブレインストーミングとは「多様な意見やアイデアを出させる技法」（164頁）。
　⑦親和図法とは「出された意見を整理する技法。ブレインストーミングとセットで用いられることが多い」（164頁）。
　⑧ジグソー法とは「メンバーごとに担当を決めて教え合う技法」（170頁）。
　⑨ピア・インストラクションとは「教員が提示した課題について，学生同士で解答を考えさせる技法」（168頁）。
　⑩映像学習法とは「ドキュメンタリーなど映像を活用して議論やグループ研究する技法」（172頁）。
　⑪クリエイティブ・セッションとは「学習した内容を，歌，絵，模型，図解，紙芝居などにして発表する技法」（168頁）。
　⑫ライティング・ディスカッションとは「紙をベースにして議論を展開していく技法」（163頁）。

2. 検証結果①：経験学習サイクル論適用のプロジェクト型学習Ａ

2.1. プロジェクト型学習Ａ（2015年度・自由参加・単位認定なし）の概要

　プロジェクト型学習Ａの最終目標は，愛媛県南予地方（大洲市・八幡浜市・宇和島市・西予市・内子町・伊方町・鬼北町・松野町・愛南町）における地場産業と観光産業の振興とし，産学協同（三原産業株式会社・デキル株式会社・松山短期大学）のプロジェクト型学習を筆者が運営した（2015年10月2日から2016年3月25日まで・全15回）。

　このプロジェクト型学習Ａでは，デキル株式会社（東京都世田谷区）が開発した「イノベーションカード®」（トランプ式討論・ブレインストーミング・親和図法を一体化したもの）を経験学習サイクル論「経験」で使用した。

　プロジェクト型学習Ａでは，三原産業株式会社（愛媛県宇和島市）従業員1人と松山短期大学（愛媛県松山市）短大生2人の混合六チー

図18　プロジェクト型学習の成果一例：「じゃこ天調理キット」新規事業コンセプト案（左）とペルソナ案（右）

出所：松山短期大学（2016）。

図19　プロジェクト型学習の成果一例：「じゃこ天調理キット」新規事業案

出所：松山短期大学（2016）。

ム18人によって,「宇和島闘牛」「食文化（南予鯛めし）」「里山生活」などの地域文化と,「魚肉練加工（じゃこ天・かまぼこ）」「水産加工（阿古屋貝・真珠）」「海面養殖（真鯛・平目・ブリ）」などに関する産業風土が再発見された[5]。これらの再発見を通じて,愛媛県南予地方の特産品「じゃこ天」を自宅で調理する調理キットや,愛媛県南予地方の名所を双六形式で体感しながら巡るスマホアプリなどに関する新規事業6案が創り出された[6]。

2.2. プロジェクト型学習Aの効果：経験学習サイクル論適用の場合

　プロジェクト型学習Aの参加学生は松山短期大学1年生から公募で募り，応募者21人に対して，筆者が面接試験と筆記試験を実施したうえで12人にしぼった。プロジェクト型学習Aは，経験学習サイクル論（Kolb 1984）をもとに「経験」「振り返り・概念化（前）」「実践」「振り返り・概念化（後）」の4回1サイクルを7周した（1回2.5時間・合計28回70時間）。経験学習サイクル論をプロジェクト型学習Aに適用した効果は，プロジェクト型学習A参加短大生の大学編入学率に表れていた。

　松山短期大学生の多くは，入学当初，松山大学への編入学を望んでいる。プロジェクト型学習A参加短大生の大学編入率は，図20左図に示されたとおり，75％と高い。他方，プロジェクト型学習A参加短大生と同学年全体（松山短期大学2016年度卒業生）の編入学率は，図20右図に示されたとおり，全体の37％にすぎない。

　大学編入学に対する意志の強い短大生たちがプロジェクト型学習

---

5) じゃこ天とは，新鮮な小魚「ほたるじゃこ」の頭と内臓を取り皮や小骨を丸ごと練りあげ，油で揚げた愛媛県南部の郷土料理である。
6) 詳しくは，愛媛新聞社（2016）「南予売出しへ事業案」『愛媛新聞』2016年3月26日号7面も参照されたい。

図20 プロジェクト型学習あり（左図・N=12）と
プロジェクト型学習なし（右図・N=83）の進路

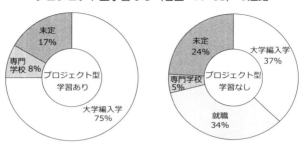

注：プロジェクト型学習なし（右図）は，プロジェクト型学習を受けなかった同学年生。
出所：筆者による聞き取り結果（2017年3月11日現在）と松山短期大学公式webページ（2017年6月1日閲覧）から筆者作成。

Aを受講したという偏りは捨てきれないものの，短大生間・短大生と社会人の協同学習を通じて，短大生たちが「主体的な学び」「対話的な学び」「深い学び」を実践できた結果，プロジェクト型学習Aを受けた短大生たちの大学編入学率が高いと筆者は捉えている。

3. 検証結果2：経験学習サイクル論未適用のプロジェクト型学習B

3.1. プロジェクト型学習B（2016年度・自由参加・単位認定なし）の概要

プロジェクト型学習Bの最終目標は，愛媛県の地域産業振興とし，官学協同（愛媛県庁・えひめ産業振興財団・松山大学）によるプロジェクト型学習を筆者ら（筆者は副担当）が運営した（2016年10月11日から2017年2月7日まで・全15回）。

松山大学（愛媛県松山市）大学生15人と愛媛県内社会人10人の混合九チーム25人が，新規事業の開発と事業計画書作成に取り組み，高齢者施設入居者に対する愛媛県特産品贈答支援サービスや，愛媛県外サイクリストに向けた愛媛県内稀有情報提供サービスなどの新規事業九案が創り出された[7]。しかしながら，成果物（事業計画書）作成を重視するあまり，プロジェクト型学習「経験」から学術的知識へは帰結できなかった。

3.2. プロジェクト型学習Bの失敗：経験学習サイクル論未適用の場合

　プロジェクト型学習Bは，1回3時間を合計15回45時間実施したが，成果物（事業計画書）作成を重視するあまり，経験学習サイクル論（前掲の図17）と能動的学修各技法（前掲の表6）を用いないまま進めた。その結果，プロジェクト型学習Bを通じて学術的知識が身についたかどうかは，図21に示されたように，学生15人のうち，33％（5人）は「学術的知識が身についた」，67％（10人）は「学術的知識がやや身についた」と，15人全員が何らかの学術的知識が身についたとアンケート調査では答えている[8]。

　それにもかかわらず，プロジェクト型学習Bを通じて身についた学術的知識で現実社会の課題に対応できるかどうかについて，図21に示されたように，「あまり自信がない」「自信がない」が67％

---

7) 詳しくは，愛媛新聞社（2017）「起業塾25人羽ばたく」『愛媛新聞』2017年2月9日号6面も参照されたい。
8) アンケート調査の概要は，以下のとおりである。
　・調査方法：段階評定法（4件法）
　・調査対象者：社会人向け講座（学生受講料無料・社会人受講料10,000円）を受講している松山大学の学生15人と愛媛県在住の社会人10人
　・調査日：2017年2月7日（社会人向け講座全15回の最終回）

図21 学術的知識の習得と現実対応の自信（N=15）

	あり	ややあり	あまりなし	なし
学術的知識の習得	あり; 33%	ややあり; 67%		
現実対応の自信	ややあり; 33%		あまりなし; 47%	なし; 20%

出所：筆者が実施したアンケート調査の結果から筆者作成。

を占めていた[9]。その原因は，プロジェクト型学習の学習目標である「成果物（事業計画書）作成のための作業」に時間を費やされたからである。つまり，経験学習サイクル論をプロジェクト型学習に適用しなかった場合，学生たちは，経験を学術的知識に帰結できなかったし，「主体的な学び」「対話的な学び」を実践できたが，「深い学び」には至らなかった。

4. 考察と振り返り

プロジェクト型学習に経験学習サイクル論（Kolb 1984）を①適用した場合（プロジェクト型学習A）と，②適用しなかった場合（プロジェクト型学習B）の2つの事例を比較した結果，プロジェクト型学習を運営するにあたっては，「協同学習の典型的なグループ規模2〜4人」（ジョンソン兄弟ら邦訳2010）で，「経験学習サイクル論」（Kolb 1984）をプロジェクト型学習に適用させ，能動的学修の各技法を組み合わせることが効果的であったと振り返る。

プロジェクト型学習Bのように，たとえ「深い学び」が得られな

---

9) 現実社会に対応できる自信があるかどうかを問うているのは，Biggs & Tang（2007）の「深い学び」に対する学習活動の動詞（p.27, Figure 2.1）上位二番目「間遠な問題に適用する（Apply: far problems）」にもとづくものである。

かったとしても，受講を終えた社会人たちと学生たちが「特定の地域をもっと良くしたい」と思うに至れば（地域貢献の精神が養われれば），地域産業振興につながると考え，プロジェクト型学習Bを通じて地域産業振興の種がまかれたかどうかを考察する。

プロジェクト型学習Bを通じて「愛媛や地元をもっと良くしたい」と考えたかについて，社会人10人のうち90％（9人）が「考えた」，10％（1人）が「やや考えた」，学生15人のうち67％（10人）が「考えた」，33％（5人）が「やや考えた」と答えている。

図22に，プロジェクト型学習B参加生25人（社会人10人と学生15人）の起業意欲を表したものである。プロジェクト型学習B開始前の起業意欲は，「起業意欲1：起業や社内事業立ち上げの意思がない」「起業意欲2：起業や社内事業立ち上げの意思はあるが，アイデアはない」が76％を占めていた。しかし，プロジェクト型学習B終了後の起業意欲は，「起業意欲4：ニーズとアイデアは定まっているが，需要があるかはわからない」「起業意欲5：ニーズとアイデアも定まり，需要の大きさも調べがついている」が84％に達していた。プロジェクト型学習終了後，社会人の起業意欲は10人中7人（70％）が2段階以上，学生の起業意欲も15人中13人（87％）が2段階以上，それぞれ向上した。

プロジェクト型学習B（経験学習サイクル論未適用）で，受講生は「深い学び」を実践できなかったが，その一方でプロジェクト型学習を通じて，学生たちと社会人たちには「愛媛や地元をもっと良くしたい」という地域貢献の精神が養われていて，起業意欲が2段階以上も上昇した受講生は，80％（20人）を占めていた。プロジェクト型学習Bは，「深い学び」に至らなかったが，受講生に地域産業振興の種は蒔かれたといえよう。

図22 プロジェクト型学習Bを通じた起業意欲（N=25）

注：起業意欲は，下記の7段階に定めた。
・起業意欲1：起業や社内事業立ち上げの意思がない。
・起業意欲2：起業や社内事業立ち上げの意思はあるが，アイデアはない。
・起業意欲3：ニーズは思い描けているが，アイデアが定まっていない。
・起業意欲4：ニーズとアイデアは定まっているが，需要があるかはわからない。
・起業意欲5：ニーズとアイデアも定まり，需要の大きさも調べがついている。
・起業意欲6：ビジネスモデル（儲ける仕組み）や将来像が，ほかと差別化できている。
・起業意欲7：ビジネスモデルや将来像の差別化が終わり，事業計画書も仕上がっている。
出所：筆者が実施したアンケート調査の結果から筆者作成。

5. 結　論

　本章の目的は，①プロジェクト型学習にはどのような効果があるのか，②プロジェクト型学習を通じて，学生たちは「主体的な学び」「対話的な学び」「深い学び」が実践できたのか，2つのプロジェクト型学習の事例から検証することであった。

　プロジェクト型学習Aでは「愛媛県南予地方の地場産業と観光産業の振興」に関する新規事業6案，プロジェクト型学習Bでは「愛媛県の地域産業振興」に関する新規事業9案が創り出された。

　また，経験学習サイクル論（Kolb 1984）をプロジェクト型学習に適用した場合，短大生たちは「主体的な学び」「対話的な学び」

「深い学び」を実践していた（プロジェクト型学習A）。その一方で，経験学習サイクル論をプロジェクト型学習に適用しなかった場合，学生たちは「主体的な学び」と「対話的な学び」を実践していたが，「深い学び」には至らなかった（プロジェクト型学習B）。

　2つの事例のうちの一つしか検証はできていないが，プロジェクト型学習B終了後，参加生たちに地域貢献の精神は養われていたし，プロジェクト型学習B自体も地域産業振興について社会人たちと学生たちが協同で解決案を考える機会と場になったので，プロジェクト型学習には地域貢献の効果もあった。

　以上のことから，プロジェクト型学習を通じて，学生たちに地域貢献の精神が養われ，学生たちは「主体的な学び」と「対話的な学び」を実践できたと結論づける。そのうえで，プロジェクト型学習を通じて，学生たちが「深い学び」を実践するためには，経験学習サイクル論（Kolb 1984）をプロジェクト型学習に適応させたうえで運営すべきであると強調する。

参考文献
伊丹敬之（2015）『先生，イノベーションって何ですか？』PHP研究所。
愛媛新聞社（2016）「南予売出しへ事業案」『愛媛新聞』2016年3月26日号7面。
愛媛新聞社（2017）「起業塾25人羽ばたく」『愛媛新聞』2017年2月9日号6面。
中井俊樹（2015）『アクティブ・ラーニング：シリーズ大学の教授法3』玉川大学出版部。
文部科学省中央教育審議会教育課程部会高等学校部会（2016）「第5回配付資料1：学習指導要領改訂の方向性（案）」。
　　http://www.mext.go.jp/b_menu/shingi/chukyo/chukyo3/075/siryo/__icsFiles/afieldfile/2016/07/07/1373892_1.pdf

松山短期大学（2016）「産産学連携プロジェクト『エムスリー』記者発表会資料」。

松山短期大学公式webページ「卒業後の進路」，2017年6月1日閲覧。
https://www.matsuyama-u.ac.jp/juniorcollege/graduate/graduate-syusyoku/

湯浅且敏・大島純・大島律子（2011）「PBLデザインの特徴とその効果の検証」『静岡大学情報学研究』16，15-22頁。

Biggs, J., and Tang, C. (2007). Teaching for Quality learning at university, Third Edition, London: SRHE and Open University Press, 335p.

Drucker, P. F. (1985). Innovation and Entrepreneurship: Practice and Principles, New York: Harper and Row, 277p（ドラッカー［上田惇生訳］（2015）『イノベーションと企業家精神：エッセンシャル版』ダイヤモンド社）.

Kolb, D. A. (1984). Experiential Learning: Experience as Source of Learning and Development, New Jersey: FT Press, 288p.

Johnson, D. W., Johnson, R. T., Holubec, E. J. & Roy, P. (1984). CIRCLES OF LEARNING: Cooperation in the classroom, Alexandria: Assn for Supervision and Curriculum, 88p（ジョンソン・ジョンソン・ホルベック［石田裕久・梅原巳代子訳］（2010）『学習の輪：学び合いの協同教育入門』第5版邦訳，二瓶社）.

第5章 ペーパータワー作成実習と振り返る学び

要 旨

　大学教員は、学生たちへ深い学びをどのように提供したらよいのだろうか。本章では、授業13回を積み重ねたあとの振り返りとして、ペーパータワー作成実習を実施し、その実習効果について検証した。

　検証の結果、学生たちは、ペーパータワーが倒壊するなど、ペーパータワー作成の失敗が重要であった。成功から学ぶだけでなく、失敗から学ぶことは学生たちを大きく成長させた。学生たちに、現実社会に通じる経験を提供することが深い学びの第一歩であり、学生に対する教員の振り返り支援であると結論づける。

キーワード：深い学び／問題解決学習／能動的学修／ペーパータワー／テキストマイニング

1. 研究の目的と検証方法

1.1. 研究の目的

　大学教員は、学生たちへ深い学びをどのように提供したらよいのだろうか。本章の目的は、深い学びを測定し、学生たちへ深い学びを提供するために大学教員は何をすべきか検討することである[1]。

---

1) 深い学びとは、「習得・活用・探究という学びの過程の中で、各教科等の特質に応じ

1.2. 深い学びに至る学習支援とその検証方法

Biggs & Tang（2007）では，学習活動の動詞から深い学びと表面的な学び（浅い学び）を分類している。学びが深い動詞は，深い順に，振り返る・間遠（まどお）な問題に適用する・仮説を立てる・原理に結びつける・身近（みぢか）な問題に適用する・説明する・主張する・関係づける・中心の考えを理解する・記述する，である（同2007・p.27・Figure 2.1）。学生たちが，深い学びを得るためには，教員による学習支援が必要である（同2007・p.27）。

本章は，学生たちが深い学びに至る教員の振り返り支援について検証するものである。すなわち，教員による振り返り支援によって，学生たちは，どれだけ深い学びが得られたのか，図23のとおり，評価基準を定め，テキストマイニングのデータから検証する[2]。

た『見方や考え方』を働かせながら，知識を相互に関連付けてより深く理解したり，情報を精査して考えを形成したり，問題を見いだして解決策を考えたり，思いや考えを基に創造したりする」（文部科学省生涯学習政策局情報教育課2017・22頁）学びである。

[2] データマイニング調査の概要は，以下のとおりである。
 ・調査方法：自由回答法
 ・調査対象者：
  ①松山大学経営学部「2016年度中小企業論」第14回出席者53人（N=53）
  ②松山短期大学商科「2016年度中小企業論」第14回出席者52人（N=52）
 ・調査日：
  ①松山大学経営学部「2016年度中小企業論」第14回（2016年7月19日）
  ②松山短期大学商科「2016年度中小企業論」第14回（2016年7月15日）
 ・質問項目：
  （ア）チームで目標の共有を作り，その目標は達成できたか否か。できたとしたら/できなかったとしたら，それはなぜなのか。
  （イ）チームの中で自分に求められた役割は何だったのか。実際にどのような役割を果たしたのか。
  （ウ）ペーパータワー実習の感想・気づいた点・自分にとって役立ちそうな点は何か。その理由も併せて回答してください。

図23 学習活動の認知水準

意図した学習成果 (stated in intended learning outcomes)	学習活動の認知水準（cognitive level of learning activities）
振り返る（Reflect）	深い学び（Deep Learning）
間遠な問題に適用する（Apply: far problems）	↑
仮説を立てる（Hypothesize）	↑
原理に結びつける（Relate to principle）	↑
身近な問題に適用する（Apply: near problems）	↑
説明する（Explain）	↑
主張する（Argue）	↑
関係づける（Relate）	↑
中心となる考えを理解する（Comprehend: main ideas）	↑
記述する（Describe）	↑
言い換える（Paraphrase）	↓
文章を理解する（Comprehend sentence）	↓
名前を確認する（Identify: name）	↓
記憶する（Memorize）	表面的な学び（Surface Learning）

出所：Biggs & Tang (2007). p.27, Figure 2.1 をもとに筆者作成。

1.3. ペーパータワー作成実習の概要

(1) 実習内容

ペーパータワーの作成過程を，企業における1つの事業として考えた場合，タワーの高さを具体的に決めることが，事業目標の設定にあたる。企業では事業目標を定めた後，ヒト・モノ・カネの経営資源を効率的に配分していく。

出席者を大企業グループ（学生9人以上），中小企業グループ（学生3人）にそれぞれ分類した。グループの構成と規模は，表7のとおりである。

表7　グループの構成と規模（N=105・2016年）

	大企業	中小企業	合計
学部3-4年	18	35	53
	34%	66%	100%
短大1-2年	30	22	52
	58%	42%	100%
合計	48	57	105
	46%	54%	100%

出所：筆者が実施したデータマイニングの抽出結果から作成。

図24　ペーパータワー作成実習のようす

出所：松山大学経営学部「2016年度中小企業論」第14回（2016年7月19日）にて筆者撮影。

2. 検証結果①：事業目標の作成と達成

2.1. 事業目標の作成

事業目標を「作成した」と回答した学生は，78％（82人）であった。他方，企業規模別では，表8に示されとおり，事業目標を「作成した×大企業」81％（38人）が「作成した×中小企業」76％（44人）を5ポイント上まわっている。

現実社会では，事業目標を知らず業務に従事する労働者も一定数いるので，「事業目標を作成しなかった，または作成済みの事業目標を知らなかった」が22％（23人）いたと受け止めている。

事業において，「中心となる考えを理解する」（「学習活動の認知水準（前掲の図23）」参照）かどうかは，事業目標を作成しているかどうかと不可分である。ペーパータワー作成で中心となる考えは，「倒れず，いかに高さを伸ばすか」である。中心となる考え「倒れず，いかに高さを伸ばすか」を理解しているからこそ，105人中78％（82人）もの学生が事業目標を作成していた。「中心となる考えを理解する」は，おおむね達成していたと考えられる。

表8　事業目標の作成（N=105・2016年）

	作成した	作成しなかった	合計
大企業（N=47）	81％	19％	100％
中小企業（N=58）	76％	24％	100％

注：自由回答法による「作成した/作成しなかった」未記入者23人を「作成しなかった」に分類した。
出所：筆者が実施したデータマイニングの抽出結果から作成。

2.2. 事業目標の達成度

　事業目標そのものを作成していないので，作成していない事業目標を達成できた/達成できなかった，という回答は存在しない。事業目標を作成した学生82人のうち，事業目標を達成「できた」34％（28人），事業目標を「作成した×達成できなかった」66％（54人）であった。授業目標を「作成した×達成できなかった」のほうが，事業目標を「作成した×達成できた」よりも，32ポイントも高かった。

　企業規模別の「作成した×達成できなかった」は，「大企業」68％，「中小企業」64％であり，事業目標を「作成した×達成できなかった」66％とほぼ同じであった。企業規模に関係なく，事業目標を作成したが達成できなかった（「作成した×達成できなかった」）が2/3を占めていたという結果である。

　事業目標を達成できないことは，現実社会でも日常茶飯事である。この結果は，いかに事業目標の達成が難しいか，学生たちへ現実社会を学ぶ機会を与えていたといえよう。

3. 検証結果②：事業目標の達成/未達成と事業失敗の要因

3.1. 事業目標の達成/未達成の理由

　事業目標を「作成した×達成できた」28人の達成理由は，図25のとおり，「全員の考えを短時間に共有できた」43％（12人），「役割分担できた」32％（9人），「事業目標を作り共有できた」25％（7人）の順で高い。このように事業目標を「作成した×達成できた」28人は，コミュニケーション能力が高く，事業目標とペーパータワー組み立て方法の共有化を短時間に進めていたことが事業目標の達成要因であった。

図25 事業目標を達成できた理由と達成できなかった理由
（n=82・複数抽出・2016年）

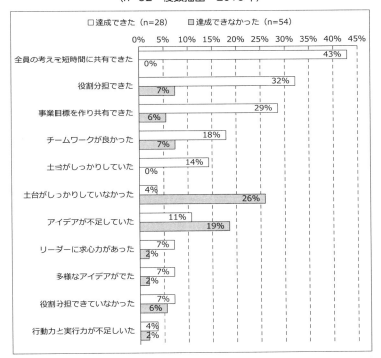

出所：筆者が実施したデータマイニングの抽出結果から作成。

　他方，事業目標を「作成した×達成できなかった」54人の多くが，ペーパータワーを倒壊させていた。しかし，事業目標を「作成した×達成できなかった」54人は，目標未達成（ペーパータワー倒壊）の理由を「土台がしっかりしていなかった」26%（14人），「アイデアが不足していた」19%（10人）などと記述し，自分たちで失敗の理由づけができていて，ペーパータワー作成実習を通して現

第5章　ペーパータワー作成実習と振り返る学び　77

実社会を考察していた。

3.2. 事業失敗（ペーパータワー崩壊）の要因

　事業目標を「作成した×達成できなかった」54人の事業失敗（ペーパータワー崩壊）の要因は，図26のとおり，「人数が多くて意見がまとまらなかった」19％（10人），「チームワークが不足していた」17％（9人），「最初に意見を出し合う時間をとるべきだった」15％（8人）が上位を占めている。事業目標を「作成した×達成できなった」54人は，コミュニケーションの不足や事業計画の欠如が，事業失敗（ペーパータワー崩壊）の要因であると振り返っていた。

　このように，学生たちは，自分の考えを主張できていたし，客観的にも説明していた（「学習活動の認知水準（前掲の図23）」参照）。

図26　事業失敗（ペーパータワー崩壊）の要因
（n=54・複数抽出・2016年）

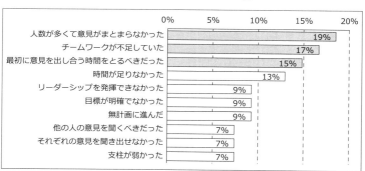

出所：筆者が実施したデータマイニングの抽出結果から作成。

78

学生105人のうち，事業目標を「作成した×達成できた」かつペーパータワー建造に成功した学生は，14％（15人）であった。残り86％（90人）の学生たちは，ペーパータワーを崩壊させていて，「最初に意見を出し合う時間をとるべきだった」11％（10人），「チームワークが不足していた」11％（10人），「人数が多くて意見がまとまらなかった」11％（10人）が事業失敗（ペーパータワー崩壊）要因の上位3つを占めていた。これら事業失敗（ペーパータワー崩壊）の要因は，現実の事業失敗にもあてはまる理由である。ペーパータワーの作成過程を通して，学生たちは失敗理由をあげられるだけでなく，企業における事業活動そのものの失敗理由も同時に学ぶことができていた。

　以上のことから，「学習活動の認知水準（前掲の図23）」の「関係づける」についても，学生たちは実習結果を振り返って現実問題に関連づけられていた。

4．検証結果③：チーム内での役割とその遂行度

4.1．チーム内での役割

　学生たちがチーム内での役割を経営学理論にそって実践していたかどうかを検証する。チーム内での役割について，学生105人のうち，「アイデアや意見を出す」35％（37人），「事業構想を練る」16％（17人），「リーダーシップを発揮する」15％（16人）といった①経営者の役割をあげている場合と，「パーツを作る」19％（20人），「土台の強度あげる」17％（18人）といった②労働者の役割をあげている場合がある。①経営者と②労働者の役割を区別することは，経営学理論にもとづく役割分担にも通じ，学生たちはある程度，経営学理論を理解しているといえよう。学生たちは「学習活動

の認知水準（前掲の図23）」の「原理に結びつける」について，おおむね到達していると考えられる。

　企業規別にチーム内での役割をみると，図27に整理されたとおり，「大企業」47人のうち，「アイデアや意見を出す」40%（19人），「パーツを作る」28%（13人），「事業構想を練る」17%（8人）の順で高い。このように，大人数での役割を理解したうえで実践している学生もいた。その一方で，大人数での「自分の役割がよくわからない」9%（4人）という学生もいた。「自分の役割がよくわからない」学生は，チームでの役割が「果たせなかった」グループに属

図27　チーム内での役割（N=105・複数抽出・2016年）

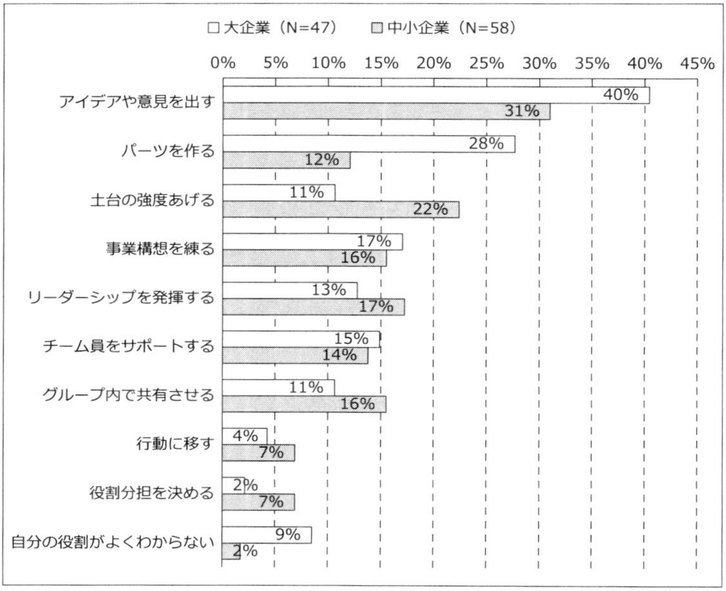

役割	大企業（N=47）	中小企業（N=58）
アイデアや意見を出す	40%	31%
パーツを作る	28%	12%
土台の強度あげる	11%	22%
事業構想を練る	17%	16%
リーダーシップを発揮する	13%	17%
チーム員をサポートする	15%	14%
グループ内で共有させる	11%	16%
行動に移す	4%	7%
役割分担を決める	2%	7%
自分の役割がよくわからない	9%	2%

出所：筆者が実施したデータマイニングの抽出結果から作成。

している。大企業ほど，受動的や消極的な態度では，自分の存在意義が見つけられないと，ペーパータワー作成実習を通して学生たちは経験していた。

チーム内での役割のなかで，「アイデアや意見を出す」は経営者と労働者の両方の役割，「事業構想を練る」「チーム員をサポートする」は経営者の役割，「パーツを作る」「土台の強度をあげる」は労働者の役割である。経営者の役割を担った学生は自分の役割を果たしたと感じ，労働者の役割を担った学生は自分の役割を果たしていないと感じていた。

小括すると，経営者の役割を担った学生は自分の役割を「果たせた」と感じ，労働者の役割を担った学生は自分の役割を「果たせなかった」と感じていた。しかしながら，経営者だけでなく労働者も問題解決を図る役割を担うべきだとするトヨタ自動車の生産方式「カイゼン」を経験するまでには至らなかった[3]。

ペーパータワー作成実習の改善点として，労働者の役割を担った学生たちが，トヨタ自動車の「カイゼン」のように知恵を出し合える仕組みづくりが必要であろう。

---

3) 日本経団連出版編（2011）『人事・労務用語辞典第7版』によれば，カイゼンとは，主に製造業の生産現場で行われている作業の見直し活動のことを指す。以下，同編2011による。「カイゼンは，作業効率の向上や安全性の確保などに関して，経営陣から指示されるのではなく，現場の作業者が中心となって知恵を出し合い，ボトムアップで問題解決をはかっていく点に特徴がある。……中略……とくにトヨタ自動車のカイゼンは有名であり，トヨタ生産方式の強みの一つとして高く評価されている」。

4.2. 自分の役割遂行度

　学生105人のうち62%（65人）が，チーム内で自分の役割を「果たせた」と回答している。企業規模別でみると，表9に示されたとおり，「チーム内での役割を果たせた」は，「大企業」48%（23人），「中小企業」74%（42人）であり，「中小企業」が「大企業」を12ポイントも上まわっていた。企業規模が小さいほうが，個人的な役割は機能しやすいという結果である。

　「チーム内での役割を果たせた」65人が認識しているチームでの役割は，「アイデアや意見を出す」38%（25人），「事業構想を練る」20%（13/65人），「チーム員をサポートする」18%（12/65人）が上位3つを占めている。具体的な行動に移した学生ほど，自分の役割を果たせたと認識していた。

　他方，学生105人のうち38%（40人）が，「チーム内での役割を果たせなかった」と回答している。「チーム内での役割を果たせなかった」40人が認識しているチームでの役割は，「アイデアや意見を出す」30%（12人），「パーツを作る」25%（10人），「土台の強度をあげる」23%（9人）が上位3つを占めている。

表9　チーム内での役割（N=105・2016年）

	果たせた	果たせなかった	合計
大企業（N=47）	48%	52%	100%
中小企業（N=58）	74%	26%	100%

出所：筆者が実施したデータマイニングの抽出結果から作成。

　ペーパータワー作成実習が終わった直後，その場で振り返りと概念化を行った。その場で，学生たちへ，企業規模と自分の役割について発言を求めたところ，大企業チームを担当した学生でも「中小

企業のほうが自分の役割を果たしやすい」という回答が多かった。受講者全員での振り返りを通して，中小企業のほうが自分の役割を果たしやすいと，学生たちは大企業チームや他の中小企業チームに共有していた。このように実習を終えた後，その実習を振り返り，「原理に結びつける」や「身近な問題に適用する」を促すことも，学生たちに対する教員の振り返り支援である。

5. 検証結果④：ペーパータワー作成実習による振り返る学び

ペーパータワー作成実習の振り返り（前掲の本章注2質問項目（ウ））を整理する。学生105人のなかで，「グループワークは楽しかった／役立った」35％（37人），「全員で協力や共有することの重要性」30％（31人），「全員で意見を出すことの重要性」20％（21人）が上位を占めていた。

ペーパータワー作成実習から得られたもの（図28参照）のなかから「グループワークは楽しかった／役立った」などの感覚的な回答を除くと，学部3-4年生は「企業規模の差から就職先を考えた」15％（8人）という個人的な目的志向もみられる。他方，短大1-2年生は『適性に合わせた役割分担の重要性』23％（12/52人），「リーダーシップの重要性」19％（10人）など，組織のなかでの個人を意識している傾向がある。短大1-2年生が意識している組織のなかでの個人や，学部3-4年生でみられた個人的な目的志向も，「学習活動の認知水準（前掲の図23）」の「身近な問題に適用する」である。

図28 ペーパータワー作成実習から得られたもの
(N=105・複数抽出・2016年)

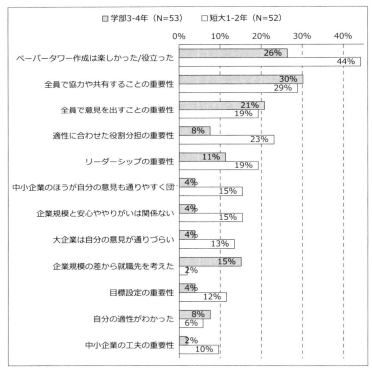

出所：筆者が実施したデータマイニングの抽出結果から作成。

6. 考察と振り返り

　本章で検証したとおり，ペーパータワー作成実習から，学生たちの深い学びを汲み取ることができた。ペーパータワー作成を通じた深い学びの到達度を図29に整理した。ペーパータワー作成実習を

通して，①中小企業のほうが大企業よりも，自分の役割を果たしやすいことを学生たちは学生間で共有していた。②また，大企業ほど受動的や消極的な態度では自分の存在意義が見つけにくいと学生たちは経験していた。③さらに，「アイデアや意見を出す」ことや「リーダーシップの重要性」は，経営者と労働者のどちらの役割でも重要であることを学生たちは経験を通じて学習した。ペーパータワー作成を経験した学生は，「アイデアや意見を出す」ことや「リーダーシップの重要性」が現実社会でも大事だという深い学びに至ったといえる。

しかしながら，ペーパータワー作成実習だけで，学生たちに深い学びが得られたわけではない。ペーパータワー作成実習に入る以前

図29　ペーパータワー作成実習を通じた深い学びの提供

意図した学習成果	ペーパータワー実習	学習活動の認知水準
振り返る	到達（検証結果④）	深い学び
間遠な問題に適用する	到達（検証結果③④）	↑
仮説を立てる	（未確認）	↑
原理に結びつける	到達（検証結果③）	↑
身近な問題に適用する	到達（検証結果④）	↑
説明する	到達（検証結果②）	↑
主張する	到達（検証結果②）	↑
関係づける	到達（検証結果②）	↑
中心となる考えを理解する	到達（検証結果①）	↑
記述する	到達（アンケート回答提出）	↑
言い換える	（未確認）	↓
文章を理解する	到達（アンケート回答提出）	↓
名前を確認する	到達（アンケート回答提出）	表面的な学び
記憶する	（未確認）	（浅い学び）

出所：Biggs & Tang (2007). p.27, Figure 2.1をもとに，筆者によるアンケート調査の集計結果から作成。

の授業13回の積み重ねによって，大企業と中小企業における経営資源・賃金・生産性などの格差に関する深い学びを提供していた影響もある。本章における分析結果は，ペーパータワー作成実習に参加した学生だけを調査対象にした結果である。ペーパータワー作成実習の学習効果を測るなら，ランダムに学生を「ペーパータワー実習に参加するグループ」と「ペーパータワー実習に参加しないグループ」にわけたうえで，「学習活動の認知水準（前掲の図23）」を比較すべきであったと振り返る。

　本章には特筆すべき気づきがあった。教員は，学生たちのペーパータワー作成を成功させて学ばせることに主眼を置きがちである。しかしながら，本章の検証からわかったことは，ペーパータワー作成に失敗したほうが，「学習活動の認知水準」の達成数が多かったことである（図29）。具体的には，①学生たちは事業目標を達成できなかったことについて，自分たちで理由づけできていた。②「パーツを作る」に貢献できなった学生たちや「役割がよくわからない」学生たちが企業や組織における「リーダーシップの重要性」を説いていた。成功から学ぶだけでなく，失敗から学ぶことは学生たちを大きく成長させた[4]。

7. 結　論

　大学教員は，学生たちへ深い学びをどのように提供したらよいのだろうか。筆者は，授業13回を積み重ねた後の振り返り実習として，ペーパータワー作成実習を実施した。ペーパータワー作成実習

---

[4] 潮（2014）では，事業に成功したほうが学びの効果が大きく（「総じて黒字グループのほうが，教育効果が高かった」25頁），本書の分析とは逆の結果となっている。

を通して，①中小企業のほうが大企業よりも，自分の役割を果たしやすいことを学生たちは学生間で共有していた。②また，大企業ほど受動的や消極的な態度では自分の存在意義が見つけにくいことを学生たちは経験していた。③さらに，「アイデアや意見を出す」ことや「リーダーシップの重要性」が，経営者と労働者のどちらの役割でも重要であることを学生たちは経験を通じて学習した。

　ペーパータワー作成実習を通して，学生たちは「アイデアや意見を出す」ことや「リーダーシップの重要性」が現実社会でも大事だという深い学びに至った。本章でわかったことは，倒壊するなど，ペーパータワー作成に失敗することも，深い学びに至るには重要であった。成功から学ぶだけでなく，失敗から学ぶことは学生たちを大きく成長させた。学生たちに，現実社会に通じる経験を提供することが深い学びの第一歩であり，学生に対する教員の振り返り支援であると結論づける。

参考文献
潮清孝（2014）「ペーパータワー」を用いた会計教育の取り組みとその効果」，日本会計教育学会『会計教育研究』20-30頁。
日本経団連出版編（2011）『人事・労務用語辞典第7版』日本経団連出版。
文部科学省生涯学習政策局情報教育課（2017）「新しい学習指導要領の考え方：中央教育審議会における議論から改訂そして実施へ」全国高等学校情報教育研究会。
Biggs, J and Tang, C. (2007). Teaching for Quality learning at University, 3rd Edition, London; Society for Research into Higher Education and Open University Press.
Woods, D. R. (1994). Problem-Based Learning: how to gain the most from PBL, Woods publishing, Hamilton; W.L. Griffin（ドナルド R. ウッズ著，新道幸恵訳（2001）『PBL（Problem-Based Learning）：判断力を高かめる主体的学習』医学書院).

第6章　問題解決力を育み振り返る学び（おわりに）

要　旨

　授業を通じて何を学んだのか。どのように学んだのか。どのようにこの学びを使うのか。これらを学生自身が振り返ることが、振り返る学びである。本章では、社会人基礎力修得と学習時間から、教員による振り返り支援とその成果について検証した。

　検証の結果、①経験学習サイクルによる「振り返る学び」（Kolb 1984）と、②記述・分析・表現の3過程を経る「振り返る学び」（Ash & Clayton 2005）が、対面講義よりもオンライン講義に適していたので、本章筆者が担当したオンライン講義では、学生たちの問題解決力などが育まれたと結論づける。

キーワード：社会人基礎力／振り返る学び／問題解決力／対面講義／オンライン講義

1. 研究の目的と検証方法

1.1. 研究の目的

　学生たちが学習意欲を向上や持続させていくためには、学生自身によって学びを振り返ることが必要である。学生が学びを振り返るためには、教員による振り返り支援が必要である。「振り返る学び」を促すとは、学生が授業を通じて、①何を学んだのか、②どのように学んだのか、③なぜこの学びが必要なのか、④どのようにこの学

びを使うのか，の4つについて，学生自身による学びの振り返りを促すことである。

「振り返る学び」を通して，学生たちは，何ができるようになるか，何を学ぶか，どのように学ぶか。社会人基礎力修得と学習時間から，教員による振り返り支援とその成果を検証することが，本章の目的である。

教員による振り返り支援が，学生たちの社会人基礎力修得と学習時間に表れているかどうかを検証することは，質的な学習課程改善の議論が始まり出した大学教育研究に対する本章の学術的な貢献であると考えている。教員による振り返り支援とその成果は，「地（知）の拠点大学」（文部科学省高等教育局2017）や「魅力ある地方大学」（文部科学省中央教育審議会大学分科会2021）を議論するうえで，一定の貢献もあろう[1][2]。

1.2. 学術的問いと検証方法

「振り返る学び」を通して，学生たちは，何ができるようになるか，何を学ぶか，どのように学ぶか。問題の所在（本書第1章）・先行研究の整理（本書第2章）・研究の目的（本章1.1.）より，次の4点を学術的問いに設定した。

［学術的問い］

　①COVID-19拡大前の対面講義と，COVID-19拡大後のオンライン講義では，どちらのほうが社会人基礎力「考え抜く力」

---

[1]　若年層の東京一極集中を解消するため，大学群・自治体・地域の中小企業などが連携し，地方大学による地方創生を推進する事業が「地（知）の拠点大学（COC+）」である（文部科学省高等教育局2017・2頁を引用者要約）。

[2]　地域への優秀な人材の輩出や，大学の知の活用と社会実装を通じた地域の課題解決や地域経済の発展などによって，地域に貢献する大学が「魅力ある地方大学」である（文部科学省大学分科会2021・2頁を引用者要約）。

を伸ばすことができるのだろうか。
②COVID-19拡大前の対面講義と，COVID-19拡大後のオンライン講義では，どちらのほうが「問題解決力」を伸ばすことができるのだろうか。
③教員による振り返り支援では，何が重要なのだろうか。
④COVID-19拡大前の対面講義と，COVID-19拡大後のオンライン講義では，どちらのほうが学習時間は長いのだろうか。

　上記の学術的問い4点について，以下では，社会人基礎力修得と学習時間に関するアンケート調査の結果から検証した[3]。アンケート調査では，授業を通じて，どの社会人基礎能力が修得できたかについて履修学生自身が自己評価している。この自己評価方法は，自らの認知能力を客観的に振り返るメタ認知能力にもとづくものである[4]。

---

3) アンケート調査の概要は，以下のとおりである。
　・調査対象（履修学生数）：
　　①対面講義（N=511）：2019年度に筆者が担当した長崎県立大学「地域産業論」「中小企業論」「ビジネス経済の実践」「地域企業研究」と長崎短期大学「Awesome Sasebo!」の履修学生。
　　②オンライン講義（N=480）：2021年度に筆者が担当した長崎県立大学の同科目履修学生。
　・主な質問項目：「この授業全15回を通じて，あなた自身が身についたと思う社会人基礎力はありますか。あてはまるもの全てを選んでください」「この授業全15回を通じて，1回の授業あたりどれくらい学習時間を費やしましたか」など。
　・回答数（回答率）：対面講義296人（58％），オンライン講義440人（92％）。
　・調査方法：授業第15回終了10分前にGoogle Formsへの回答を促した。
4) メタ認知能力については，本書第2章の脚注5)を参照されたい。

2. 検証結果

2.1. 対面講義とオンライン講義の違い①：社会人基礎力3能力の修得

　対面講義とオンライン講義では，どちらのほうが社会人基礎力「考え抜く力」を伸ばすことができるのだろうか。筆者が担当したCOVID-19拡大前の対面講義と，COVID-19拡大後のオンライン講義を比べた場合，図30のように，オンライン講義のほうが対面講義より「考え抜く力」の修得率は3.0倍，「前に踏み出す力」の修得率は1.3倍，「チームで働く力」の修得率は1.4倍も高い。この図30のデータには，上述のとおり，対面講義とオンライン講義で，社会人基礎力3能力の修得に偏りがあった（$\chi^2(2) = 51.036$, $p < 0.00000000001$）。

　なぜ筆者が担当したオンライン講義では，「考え抜く力」の修得率が高いのか。それは，記述・分析・表現の3過程を経る「振り返

図30　社会人基礎能力3能力の修得率（n=736／N=991・回答率75%）

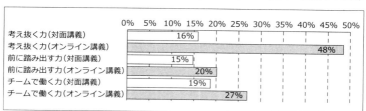

注：対面講義は2019年度に筆者が担当した対面講義（n=296／N=511），オンライン講義は2021年度に筆者が担当したオンライン講義（n=440／N=480）の集計結果である。
出所：筆者実施によるアンケート調査の結果から筆者作成。

る学び」(Ash & Clayton 2005) にある。どのような「振り返る学び」を筆者は授業設計したのか。本章の2.3.で後述する。

2.2. 対面講義とオンライン講義の違い②：社会人基礎力12要素の修得

対面講義とオンライン講義では，どちらのほうが「問題解決力」（社会人基礎力の「課題発見力」と「計画力」）を伸ばすことができるのだろうか。筆者が担当したCOVID-19拡大前の対面講義と，COVID-19拡大後のオンライン講義を比べた場合，図31と図32に示されたとおり，対面講義のほうが，チームで働く力「発信力」1要素のみ修得率が高く，オンライン講義のほうが，考え抜く力「課題発見力」「計画力」「創造力」など残り11要素の修得率が高い。

図31と図32のデータを1つにまとめたデータについて，上述の

図31　対面講義を通じた社会人基礎力12要素の修得率
(n=296・2019年度)

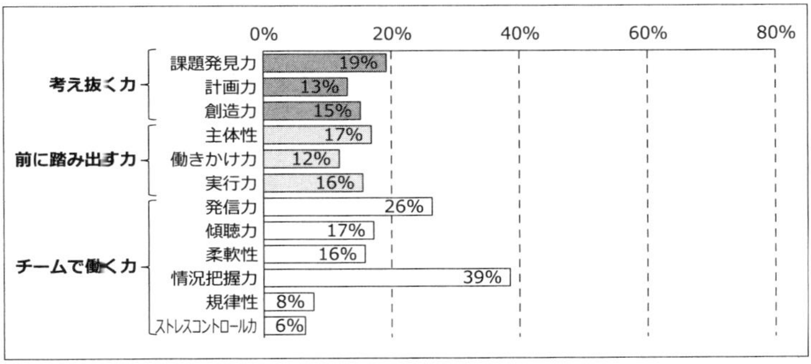

考え抜く力	課題発見力	19%
	計画力	13%
	創造力	15%
前に踏み出す力	主体性	17%
	働きかけ力	12%
	実行力	16%
チームで働く力	発信力	26%
	傾聴力	17%
	柔軟性	16%
	情況把握力	39%
	規律性	8%
	ストレスコントロール力	6%

注：対面講義は，2019年度に筆者が担当した対面講義の集計結果（n=296／N=511・回答率58％）である。
出所：筆者実施によるアンケート調査の結果から筆者作成。

図32 オンライン講義を通じた社会人基礎力12要素の修得率
(n=440・2021年度)

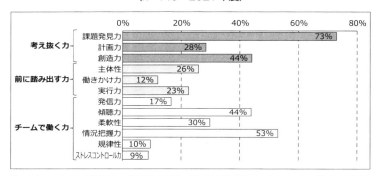

注：オンライン講義は，2021年度に筆者が担当したオンライン講義の集計結果（n=440／N=480・回答率92％）である。
出所：筆者実施によるアンケート調査の結果から筆者作成。

とおり，対面講義とオンライン講義で，社会人基礎力12要素の修得に偏りがあった（$\chi^2(11) = 106.159, p < 0.0000000000000001$）。

対面講義とオンライン講義では，オンライン講義のほうが対面講義より「課題発見力」（考え抜く力）の修得率は3.8倍，「創造力」（考え抜く力）の修得率は2.9倍，「傾聴力」（チームで働く力）の修得率は2.5倍，「計画力」（考え抜く力）は2.2倍も高い。

考え抜く力の「課題発見力」と「計画力」を合わせて，本章では「問題解決力」とした（前掲の第1章表2参照）。筆者が担当したオンライン講義では，「問題解決力」の修得率が高いことがわかった。その一方で，「発信力」（チームで働く力）は，対面講義26％からオンライン講義17％へ9ポイント下がっている。

2.3. 問題解決力を伸ばす授業設計

なぜ筆者が担当したオンライン講義では，「問題解決力」（社会人

基礎力の「課題発見力」と「計画力」）などの修得率が高いのか。それは，記述・分析・表現の3過程を経る「振り返る学び」にある。どのような「振り返る学び」を筆者は授業設計したのか。対面講義でも記述・分析・表現の3過程を経る「振り返る学び」は意識していたが，認知能力と非認知能力が絡み合うという考えを欠いた授業を設計していた。つまり，筆者が担当していた対面講義では，学術的な「専門性・専門知識」にもとづく「問題解決力」を引き出す授業設計が欠けていた。

　大学の専門講義には，それぞれの専門講義に学術的な専門性や専門知識があり，たとえ同じような地域課題であったとしても，それぞれの専門講義で求めるべき「問題解決力」が異なる。筆者が担当する「地域産業論」と「中小企業論」では，同じ地域課題をあつかったとしても，異なる問題解決案を要求している。学術的な専門性や専門知識（認知能力）を養うには，教科書を利用したほうが学生たちへ伝えやすい。筆者の場合，COVID-19拡大前の対面講義では教科書を利用していなかったが，COVID-19拡大後のオンライン講義では教科書『実践から学ぶ地域活性化』（梅村編共著・同友館・2021年）を利用するように変更した。教科書を利用した結果，先述のとおり，オンライン講義では，「問題解決力」などの修得率が対面講義よりも高かった。

　教科書を導入したから「振り返る学び」が促されて，「問題解決力」などの修得率が伸びたと結論づけるのは早計である。「振り返る学び」を促すために，筆者が担当したオンライン講義と対面講義では，表10のように，毎回の授業で記述・分析・表現の3過程を経て，かつ図33のように授業15回を通した経験学習サイクル（Kolb 1984）を周回させた。

　筆者が担当したオンライン講義と対面講義では，経験学習サイク

表10　記述・分析・表現の3過程を経る「振り返る学び」の一例

記述	＊＊＊について，教科書/ショート動画の重要な箇所を300字〜400字でまとめなさい。
分析	＊＊＊について，教科書/ショート動画の該当箇所からキーワードを3つあげなさい。
表現	＊＊＊について，あなたの考えを300字以うえで述べなさい。字数の上限はありません。アカデミック・ライティング（5W2H：いつ・どこで・誰が・何を・なぜ・どのように・いくらで）を心がけましょう。

出所：筆者担当の対面講義/オンライン講義をもとに筆者作成。

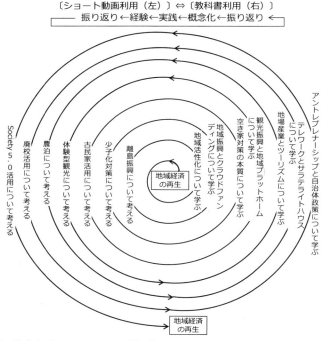

図33　経験学習サイクルを7周回させた「振り返る学び」の一例

出所：筆者担当のオンライン講義「地域産業論」（長崎県立大学地域創造学部2021年度）シラバスをもとに筆者作成。

ルのうち「実践→経験→振り返り」は官公庁のショート動画を利用した事例研究,「振り返り→概念化→実践」は教科書を利用した学術的な専門性や専門知識の修得にあてた。そのうえで,図33のように,授業15回を通して経験学習サイクルを7周回させ,「振り返る学び」を促した。

さらに,表10のとおり,「記述」では教科書または事例研究の要約文300字〜400字作成,「分析」では教科書または事例研究からキーワードを3つ抽出,「表現」では教科書または事例研究に対する自分の考え300字程度作成を毎回の授業で課して,「振り返る学び」を促した。

経験学習サイクルによる「振り返る学び」(Kolb 1984) と,記述・分析 表現の3過程を経る「振り返る学び」(Ash & Clayton 2005) が 対面講義よりもオンライン講義に適したので,「考え抜く力」や「問題解決力」などの修得率が伸びたと纏める。

2.4. 対面講義とオンライン講義の学習時間

対面講義とオンライン講義では,どちらのほうが学習時間は長いのだろうか。

筆者が担当した授業の場合,図34のとおり,4つの特徴があった。①対面講義とオンライン講義では,授業1回あたり1時間以上の学習時間をとった学生の割合が,対面講義77%・オンライン講義76%とほぼ同じである。②対面講義とオンライン講義の学習時間中央値は,どちらも「1時間以上〜2時間未満」である。③対面講義のほうがオンライン講義よりも授業1回あたり「2時間以上」を費やした学生が多い。④オンライン講義のほうが対面講義よりも授業1回あたり学習時間「30分未満」の学生が少ない。

図34　授業1回あたりの学習時間（n=736 ／ N=991・回答率75％）

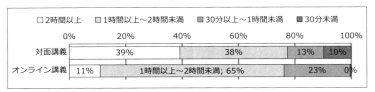

注：図中の「対面講義」は，筆者が2019年度に担当した対面講義（n=296／N=511），「オンライン講義」は，筆者が2021年度に長崎県立大学地域創造学部で担当したオンライン講義（n=440／N=480）の集計結果である。
出所：筆者実施によるアンケート調査の結果から筆者作成。

3．考察と振り返り

　オンライン・ゼミナールでも，「問題解決力」（社会人基礎力の「課題発見力」と「計画力」）を伸ばすことができるのだろうか。筆者が担当したCOVID-19拡大後のオンライン講義と，全30回のうち12回をオンラインで指導したオンライン・ゼミナール（以下，オンライン・ゼミナールとよぶ）を比較する。

　オンライン・ゼミナールの社会人基礎力「考え抜く力」の修得率は，図35のとおり，「課題発見力」88％（73％），「計画力」25％（28％），「創造力」47％（44％）であった（括弧内はオンライン講義の各修得率・前掲の図32より転記）。オンライン・ゼミナールの回答数が少ないので，「計画力」と「創造力」の差は，誤差の範囲ともいえる。しかし「課題発見力」は，オンライン講義よりオンライン・ゼミナールのほうが，修得率は15ポイントも高い。オンライン・ゼミナールでも，図35に示されたように，「問題解決力」（社会人基礎力の「課題発見力」と「計画力」）を伸ばすことができるといえる。

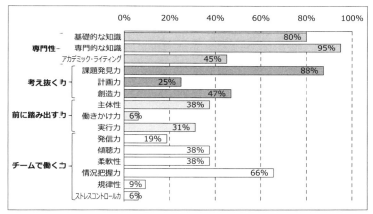

図35 オンライン・ゼミナールを通じた社会人基礎力12要素と専門性の修得率（N=31）

注：オンライン・ゼミナールは，筆者が2020年度と2021年度に長崎県立大学地域創造学部で担当したゼミナール「基礎演習（2年次）」「専門演習（3年次）」の集計結果（N=31・回答率100％）である。
出所：筆者実施によるアンケート調査の結果から筆者作成。

ただし，回答数が少ないので，統計学的な検定はできなかった。

ゼミナールは，学生が主体となって研究を進める場である。社会人基礎力よりも専門性を伸ばすことがゼミナールの学修目標である。オンライン・ゼミナールでは，「専門的な知識」の修得率が95％と高いので（図35），学生たちはオンライン・ゼミナールでも，専門性を育むことができていた。

なお，オンライン・ゼミナールとオンライン講義で10ポイント以上の差が出ている社会人基礎の修得率は，「主体性」38％（26％）と「傾聴力」22％（44％）である（括弧内はオンライン講義の各修得率・前掲の図32より転記）。オンライン・ゼミナールは，全30回のうち18回を対面で指導したので，対面指導の良いところが反映され

第6章 問題解決力を育み振り返る学び（おわりに） 99

た結果，オンライン講義に比べて，「主体性」が12ポイントも高いと考察する。その一方，30回のうち18回を対面で指導したオンライン・ゼミナールは，対面指導の悪いところが反映された結果，オンライン講義と比べて，「傾聴力」が22ポイントも低いと考察する。

以下の図36と図37は，オンライン講義履修学生が入力した授業全15回を振り返った文章である。「振り返る学び」を通して，学生たちは，何を学んだか，どのように学んだか，何ができるようになったか。図36や図37の履修学生は「振り返る学び」ができていた。筆者が担当したオンライン講義を通して，履修学生全員が「振り返る学び」ができたといい切れる根拠はない。しかしながら，授業1回あたり1時間以上の学習時間をとっていた76％の履修学生は，オンライン講義を通して，「振り返る学び」ができたと推察したい。

「振り返る学び」を促すために，記述・分析・表現の3過程を経て，かつ経験学習サイクルを周回させれば，どのオンライン講義でも「問題解決力」や社会人基礎力が伸びるのだろうか。筆者が担当するゼミナール（履修学生数16人）の1コマを使ってオンライン講義を試みた（以下，オンラインゼミ講義とよぶ）。教科書に「The Economy: Economics for a Changing World」（英文）の第1章を利用して，「振り返る学び」を促した[5]。この1コマ限りの学習時間は「2時間以上」が94％（15人）を占めているものの，「考え抜く力」修得率は，筆者担当オンライン講義44％に対して，オンラインゼミ講義40％であった。「課題発見力」修得率は，筆者担当オンライン講義73％に対して，オンラインゼミ講義31％であった。

---

5) 「The Economy: Economics for a Changing World」（英文）は，COREプロジェクトが提供している無料オンライン・テキストである。https://www.core-econ.org/

英文から経済学的な課題を発見するのは難題だったという結果である。教科書の平易さもオンライン講義で「振り返る学び」を促すためには重要であると、筆者によるオンラインゼミ講義設計の失敗を振り返る。

図36 オンライン講義履修学生G（3年生）の「振り返る学び」

> 15回の講義を通じて、地域産業の現状や地域産業が抱えている課題を様々な視点からアプローチしていくことができ、とても有意義でした。講義で取り上げられた地域課題が私の地元でもいくつも存在しています。私の地元が抱える地域課題を1つでも解消できるように、地域課題を自分事として捉え行動していきたいです。都会ばかりに目を向けるのではなく、たくさんの人に地方の魅力について気づいて欲しいと、この授業を受ける前と後で考えが変わりました。毎回、課題提出後にコメントしてくれてありがとうございました。

出所：「地域産業論」（長崎県立大学地域創造学部2021年度）第15回に実施したwebアンケートから、学生Gが入力した原文そのままを筆者転載。

図37 オンライン講義履修学生H（2年生）の「振り返る学び」

> 「地域を再生するには」「地域を活性化させるには」と授業1回目で考えた時、テレビやネットの影響で、SNSの情報発信や、ゆるキャラ採用が頭に浮かびました。しかし、これらは地域再生にはあまり効果がなくて、長期的な地域再生の方法を考えることが大切だと授業を通じてわかりました。地域再生や地域活性化を考えるときは、単年や短期のビジョンと収支ではなく、長期のビジョンと収支が大事だと気づけました。会社に入って業績を積むにしても、公務員になって地域の活性化に取り組むにしても、行動する人同士で価値観を共有することがとても大切だともわかりました。ありがとうございました。

出所：「ビジネス経済の実践」（長崎県立大学地域創造学部2021年度）第15回に実施したwebアンケートから、学生Hが入力した原文そのままを筆者転載。

4. 結　論

　学生たちが学習意欲を向上や持続させていくためには，学生自身による「振り返る学び」が必要である。「振り返る学び」とは，授業を通じて，何を学んだのか，どのように学んだのか，どのようにこの学びを使うのか，を学生自身が振り返る「学び」である。

　本章では，対面講義とオンライン講義における社会人基礎力修得と学習時間の比較から，教員による振り返り支援とその成果を検証した。筆者が担当した対面講義とオンライン講義では，オンライン講義のほうが対面講義より「課題発見力」の修得率は3.8倍，「創造力」の修得率は2.9倍，「傾聴力」の修得率は2.5倍，「計画力」は2.2倍も高い。社会人基礎力の「課題発見力」と「計画力」を合わせて，本章では「問題解決力」とした。筆者が担当したオンライン講義では，「問題解決力」の修得率が高いことがわかった。

　経験学習サイクルによる「振り返る学び」（Kolb 1984）と，記述・分析・表現の3過程を経る「振り返る学び」（Ash & Clayton 2005）が，対面講義よりもオンライン講義に適していたので，筆者が担当したオンライン講義では，学生たちの「問題解決力」などが育（はぐく）まれたと結論づける。

参考文献
梅村仁編共（2021）『実践から学ぶ地域活性化』同友館。
文部科学省高等教育局（2017）「地（知）の拠点大学による地方創生について：COCからCOC＋へ」。
文部科学省中央教育審議会大学分科会（2021）「魅力ある地方大学を実現するための支援の在り方について」。

Ash, S. L. and Clayton, P. H. (2004). "The Articulated Learning: An Approach to Guided Reflection and Assessment", Innovative Higher Education, 29 (2): pp.137-154.

Kolb, D. A. (1984). Experiential Learning: Experience as Source of Learning and Development, New Jersey: FT Press, 288p.

The CORE Team. (2017). The Economy: Economics for a Changing World (https://www.core-econ.org/).2024年1月15日閲覧。

あとがき

　質的な授業改善のためには，教員も学生も互いに学び合う姿勢や，学びを振り返る姿勢が必要である。大学や短期大学などの高等教育でも，学生自身によって学びを振り返るべきとする議論が活発である。しかしながら，大学のなかでも，社会科学系学部（経済学部や経営学部など）で行う「振り返る学び」について，日本では議論がまだ進んでいない。日本では，振り返りの定義づけが議論され始めているものの，大学教育における学習過程の質的改善や振り返り支援は，議論が始まったばかりである。

　学生たちが学習意欲を向上や持続させていくためには，学生自身による『振り返る学び』が必要である。「振り返る学び」とは，授業を通じて「何を学んだのか」「どのように学んだのか」「どのようにこの学びを使うのか」を学生自身が振り返る「学び」である。

　本書では，対面講義とオンライン講義における社会人基礎力修得と学習時間の比較から，教員による振り返り支援とその成果を検証した。経験学習サイクルによる「振り返る学び」（Kolb 1984）と，記述・分析・表現の3過程を経る「振り返る学び」（Ash & Claytor. 2005）が，対面講義よりもオンライン講義に適していたので，筆者が担当したオンライン講義では，学生たちの「問題解決力」などが育まれていた。

　大学教員は，学生たちへ深い学びをどのように提供したらよいのだろうか。ペーパータワー作成実習を通して，学生たちは「アイデアや意見を出す」ことや「リーダーシップの重要性」が現実社会で

も大事だという深い学びに至った。本書でわかったことは，倒壊するなど，ペーパータワー作成に失敗することも，深い学びに至るには重要であった。

「科目内容にもとづいた学習」（Woods 1994）では，授業開始時に習得すべき知識が決まっている。履修学生が50人以上いる大学の講義型授業は，「科目内容にもとづいた学習」である。他方，「問題にもとづいた学習」（Woods 1994）や問題基盤型学習サイクル（Hmelo-Silver 2004）では，授業開始時に修得すべき知識は決まっておらず，不足する知識を学習者自ら見定め修得する。

本書では，「科目内容にもとづいた学習」（Woods 1994）と学習の振り返りによって，学生たちに，①認知能力「基礎的な知識・技能」「専門性・専門知識」「問題解決力」「批判的思考力」と非認知能力「主体性」の涵養，②自発的学習の継続，という効果があるとわかった。「科目内容にもとづいた学習」と学習の振り返りから授業「地域政策論」の一例を設計し，その効果を検証できたことは，高等教育研究における本書の学術的な貢献であろう。

参考文献

Ash, S. L. and Clayton, P. H. (2004). "The Articulated Learning: An Approach to Guided Reflection and Assessment", Innovative Higher Education, 29 (2): pp.137-154.

Hmelo-Silver, C. (2004). "Problem-Based Learning: What and How Do Students Learn?", Educational Psychology Review, 16 (3), pp.235-266.

Kolb, D. A. (1984). Experiential Learning: Experience as Source of Learning and Development, New Jersey: FT Press, 288p.

Woods, D. R. (1994). Problem-Based Learning: how to gain the most from PBL, Woods publishing, Hamilton; W.L. Griffin（ドナルド R.

ウッブ著,新道幸恵訳（2001）『PBL（Problem-Based Learning）：判断力を高かめる主体的学習』医学書院).

索　　引

(あ行)

アクティブ・ラーニング
　→能動的学修
オンライン講義　　17, 92, 97, 105
オンライン授業
　→オンライン講義

(か行)

学習の振り返り→振り返り
課題解決型能動的学習　　3, 15, 22, 106
課題解決力→問題解決力
科目内容にもとづいた学習　　38, 54, 106
協同学習　　21, 58
　―協同学習論
経験学習サイクル論　　22, 58, 95
高等教育　　15, 27

(さ行)

失敗から学ぶ　　87
自発的(な)学習　　40, 47, 51
社会人基礎力　　28, 31, 92, 105

主体的な学び　　16, 57, 58, 68
初等教育　　16
自立的な学習者　　26
人生を豊かにする力　　29, 31

(た行)

大学教育　　17
対面講義　　17, 92, 97, 105
対面授業→対面講義
対話的な学び　　16, 57, 58, 68
地域貢献の精神　　67, 68
中等教育　　16

(な行)

認知能力　　27, 28, 31, 51, 106
能動的学修　　1, 15, 60

(は行)

非認知能力　　26, 28, 31, 33, 51, 106
表面的な学び　　72
深い学び　　16, 58, 71, 84
振り返り　　17, 22, 55
振り返りサイクル論　　23
振り返り支援　　3, 15, 25, 105

振り返りフレームワーク　23
振り返る学び　25, 89, 95, 97, 105
プロジェクト型学習　3, 15, 22, 57
ペーパータワー作成実習　73, 83, 86

（ま行）

学びの成果　17
明確な学び　4, 25
メタ認知能力　33, 91
問題解決型学習
　→問題基盤型学習
問題解決型サイクル　39, 40, 42, 54
問題解決で使われる能力
　→問題解決力
問題解決力　3, 28, 30, 33, 48, 94, 102, 106
問題基盤型学習　3, 15, 37, 38, 106
問題にもとづいた学習
　→問題基盤型学習

《著者紹介》

竹田英司（たけだ えいじ）
2012年大阪市立大学大学院創造都市研究科博士後期課程修了。
博士（創造都市学・大阪市立大学）。
現職
長崎県立大学地域創造学部准教授。

主な業績
『地域再生の産業観光論』（単著）同友館，2022年。
『実践で学ぶ地域活性化』（共著）同友館，2021年。
『笑うツーリズム：HASAMI CRAFT TOURISM』（共編著）石風社，2021年。
「地場産業のツーリズム化」『地域経済学研究』41，45-62頁，日本地域経済学会，2021年。

問題解決力を育み振り返る学び

2024年3月25日　初版発行

著　者　竹田　英司
発行者　長谷　雅春
発行所　株式会社五絃舎
　　　　〒173-0025　東京都板橋区熊野町46-7-402
　　　　電話・FAX：03-3957-5587
検印省略　©2024　E. Takeda
組　版：Office Five Strings
印　刷：モリモト印刷
Printed in Japan
ISBN978-4-86434-182-0

落丁本・乱丁本はお取替えいたします。
本書より本文および図表の無断転載を禁ず。